AF287916

Leichte Wanderziele um Berchtesgaden
34 beeindruckende Touren in der einzigartigen Urlaubsregion

In der Berchtesgadener Region finden sich unzählige Ziele für Ausflüge und leichte Wanderungen: Almen und Berghütten, Schluchten und Klammen, weite Wiesenlandschaften und Höhenwege, malerische Bergseen und Flusstäler, gut erreichbare Berggipfel und Aussichtswarten – die Aufzählung ließe sich noch lange fortsetzen. Obwohl die Berchtesgadener Alpen mit dem Watzmann und dem Königssee viele Urlauber anziehen, gibt es noch etliche Wanderziele, wo man die Natur in Ruhe genießen kann. Etwa ein Drittel der vorgestellten Touren führt in den Nationalpark Berchtesgaden, den einzigen Alpen-Nationalpark Deutschlands: Nachdem engagierte Naturschützer sich jahrzehntelang dafür eingesetzt hatten, hat die Bayerische Staatsregierung 1978 einen großen Teil der Berchtesgadener Alpen zum Nationalpark erklärt.

Nicht nur die unberührte Natur, auch die Spuren menschlichen Werkens bereichern die Urlaubsregion: Die Almen werden noch heute als Sommerweiden für das Vieh genutzt und bieten Brotzeiten an. Der Salzabbau hat die Gegend ebenfalls geprägt: Das Berchtesgadener Salzbergwerk lässt sich im Rahmen einer vergnüglichen Führung besichtigen. Mittels Klausen haben Holzarbeiter Bergbäche aufgestaut, um dann das fürs Salzsieden benötigte Holz mit einem Wasserschwall ins Tal transportieren zu können. Als in den hiesigen Regionen das Holz immer knapper wurde, hat man das salzhaltige Wasser, die Sole, über hölzerne Soleleitungen in entferntere Salinen transportiert. Sowohl zwei Klausen (in der Almbachklamm und der Aschauer Klamm) als auch die Trasse der Soleleitung begegnen uns auf mehreren Wanderungen. Im 19. Jahrhundert genossen die bayerischen Könige ihre Sommerresidenz in Berchtesgaden, davon zeugen nicht nur das Schloss in Berchtesgaden, sondern auch ihre Jagdschlösser bei St. Bartholomä und im Wimbachtal, heute beliebte Gaststätten.

Ein „Mankei" lugt aus seinem Murmeltierbau

LEICHTE WANDERZIELE um Berchtesgaden

Vorschläge für schöne Rundtouren

Bilder sagen mehr als Worte – daher sind die Texte in diesem Buch recht knapp gehalten und viele Fotos machen anschaulich, welch herrliche Aussichten und Attraktionen die Wandernden erwarten. Die hier vorgeschlagenen Routen sind in den allermeisten Fällen als Rundtouren angelegt. Soweit sinnvoll finden sich Alternativen, wie man die Runden dem eigenen Geschmack entsprechend variieren kann. Die meisten Touren verlangen wenig bergsteigerisches Geschick, allerdings sollte festes Schuhwerk bei allen Wanderzielen eine Selbstverständlichkeit sein. Lediglich der Rauhe Kopf und das Watzmannhaus sind hinsichtlich Länge und Trittsicherheit anspruchsvoll. Wer nicht komplett schwindelfrei ist, sollte auch bei den Barmsteinen Vorsicht walten lassen und, wenn überhaupt, dann den Kleinen Barmstein bevorzugen.

Naturschutz großgeschrieben

Damit die Natur möglichst unversehrt bleibt, gelten einige unumstößliche Regeln: Jeder nimmt seinen Abfall wieder mit zurück. Die markierten Wege sollten nicht verlassen werden, auch Abkürzer verstärken die Erosion erkennbar. Im Nationalpark sind Zelten und offenes Feuer komplett verboten, auch Drohnen dürfen dort nicht fliegen.

Verhalten in Notsituationen

Da Notsituationen – vor allem infolge von plötzlichen Wetterumschwüngen – auch bei guter Planung auftreten können, sollte man stets ein Handy mit aufgeladenem Akku mitnehmen und im Notfall eingeschaltet lassen. Die europaweite Notrufnummer: 112.

 Zeitbedarf für die Tour   Ausgangspunkt der Tour   Zielpunkt der Tour

HOCHKÖNIG

STEINERNES MEER

HAGENGEBIRGE

WATZMANN

Königssee

HOHER GÖLL

Ramsau

Schönau a. Königssee

Berchtesgaden

Bischofswiesen

UNTERSBERG

Marktschellenberg

Tourenüberblick

Legend:
— Landesgrenze
— Wanderwege
● See, Fluss, Bach
● Wald, einzelne Bäume

① St. Bartholomä mit Eiskapelle

Die roten Zwiebeltürme der Wallfahrtskirche St. Bartholomä vor der Watzmann-Ostwand gehören zu den berühmtesten Fotomotiven Deutschlands. Ein Rundweg auf der Königssee-Halbinsel lässt sich mit der Wanderung zur Eiskapelle, einem Naturphänomen, verbinden.

Nach der beeindruckend ruhigen Fahrt mit dem Elektroboot über den fjordartigen See wenden wir uns hinüber zur Wallfahrtskirche und nehmen dahinter den Rundweg auf. Morgens ist es hier noch angenehm still und man kann den Blick über den See genießen. Der Rundweg führt zu einer Nationalpark-Informationsstelle, wo wir nach rechts abzweigen. Über diesen breiten Weg gelangen wir zu einer Brücke über den Eisbach und erspähen bereits die Kapelle St. Johann und Paul. Jetzt wird der Weg schmal und steil und bringt uns in eine Landschaft voller Geröll, wo wir dann auf die Eiskapelle treffen. Als solche bezeichnet man ein bis zu 15 Meter hohes Tor in dem Schneefeld am Fuße der Watzmann-Ostwand, das sich jeden Sommer neu bildet und ständig seine Form verändert. Es entsteht durch Regenwasser, das unter dem Schneefeld herausfließt, und wird verstärkt durch einen kaminartigen Luftzug. Auf keinen Fall sollte man die Eiskapelle betreten, da herabbrechende Eismassen eine Lebensgefahr darstellen! Auf dem Rückweg könnte man noch einen (unausgeschilderten) Abstecher zu einem Badeplatz einlegen: Nach der Brücke geht's rechts am Eisbach entlang. Der zunächst breite, dann aber schmälere werdende Weg führt zu dem Schotterfeld, das der Eisbach zum See transportiert hat. Eine gute Badestelle für diejenigen, die das kalte Wasser des Sees nicht scheuen! Der Rückweg verläuft dann über den offiziellen Wanderweg parallel zum Seeufer.

- St. Bartholomä-Rundweg 30 Min.
- Nationalpark-Infostelle – Eisbach 15 Min.
- Eisbach – Eiskapelle 1 Std.
- Rückweg (ohne Abstecher) 1 Std.

| Oben: Enten vor den Bootshäusern an der Seelände
| Unten: Die Eiskapelle im Schneefeld unter der Watzmann-Ostwand

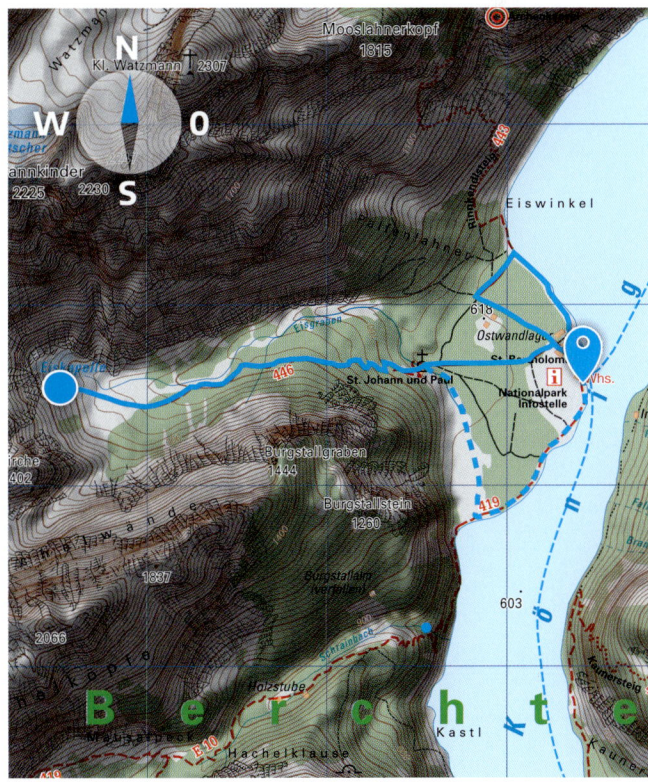

2 Obersee und Fischunkelalm

Hinter dem Königssee versteckt sich sein kleiner Bruder, der Obersee. Die Wanderung entlang des Südufers führt zur Fischunkelalm und in einen Talkessel, wo wir den Röthbachfall, Deutschlands höchsten Wasserfall, bewundern können.

Nach der Fahrt bis zur Bootsanlegestelle Salet gelangen wir über einen bequemen Weg zum vorderen Ufer des Obersees, das mit seiner Bootshütte ein sehr beliebtes Fotomotiv darstellt. Ohnehin reizt der Obersee viele Fotografen, weil sich die umliegenden Bergwände in seiner stillen Wasseroberfläche spiegeln. Der Weg rechts entlang des Sees ist teilweise etwas feucht und

ausgesetzt, aber gut gesichert. Am anderen Ufer lockt die Fischunkelalm mit leckeren Brotzeiten. Wir gehen aber zunächst noch tiefer in den Talkessel hinein, halten uns auf kleinen ausgetretenen Pfaden nach halbrechts und erblicken den Röthbachfall, der sich 470 Meter die Wand hinabstürzt. Auf dem Rückweg bieten sich als Einkehr nicht nur die Fischunkelalm an, sondern auch zwei Almkaser der Saletalm, die wir erreichen, wenn wir uns kurz vor der Bootsanlegestelle nach links halten. Eine weitere Option stellt die Gaststätte Saletalm mit ihrem großen Biergarten dar.

| Links: Deutschlands höchster Wasserfall, der Röthbachfall im Talkessel hinter der Fischunkelalm
| Unten rechts: Blick über den Obersee Richtung Watzmann

- Anlegestelle Salet – Obersee 20 Min.
- Obersee-Westufer – Fischunkelalm 45 Min.
- Obersee-Ostufer – Röthbachfall-Blick 30 Min.

Malerwinkl am Königssee und Rabenwand

Am Malerwinkl standen im 19. Jahrhundert tatsächlich die Maler, um den berühmten Blick über den Königssee auf seine Halbinsel mit der Wallfahrtskirche St. Bartholomä einzufangen. Heute ist der Malerwinkl auf einem bequemen Rundweg zu erreichen, der mit mehreren Ausblicken belohnt.

Ganz bewusst erwandern wir den Malerwinkl-Rundweg im Uhrzeigersinn und starten daher an der Jennerbahn-Talstation. Dort geht es noch ein kurzes Stück entlang der Jennerbahnstraße aufwärts, bis rechts der Malerwinkl-Rundweg abzweigt. Durch ein Waldstück steigen wir hinauf; ein gelbes Schild weist auf den Abstecher zur Rabenwand hin. Dieser schmalere Steig, der deutlich weniger frequentiert ist als der Rundweg selbst, führt uns zu einem grandiosen Aussichtspunkt mit einigen Sitzbänken: Ein derart weiter Blick über den Königssee eröffnet sich nur an dieser Stelle. Wir gehen wieder zurück und setzen den Rundweg fort. Bald geht

es abwärts und wir erreichen den Malerwinkl, indem wir uns am Ufer ein kleines Stück nach links halten. Zur Seelände müssen wir zunächst nochmal ein Stück aufwärts gehen. Im Abstieg schlendern wir dann hinter den Bootshäusern entlang, in denen nachts die Batterien der Königssee-Boote aufgeladen werden. Wir bleiben – auch um dem touristischen Trubel etwas auszuweichen – weiter am Königssee-Ufer und gelangen so zu dem Wehr, das den Abfluss des Wassers in die Königsser Ache regelt. Der Weg diesseits des Ufers führt zum großen Königssee-Parkplatz zurück.

- Parkplatz Königssee – Abzweigung Rabenwand 30 Min.
- Abstecher zur Rabenwand (hin und zurück) 30 Min.
- Abzweigung Rabenwand – Parkplatz Königssee 40 Min.

Oben: Abendstimmung
an der Seelände – im
Hintergrund der Untersberg
Unten: Am Malerwinkl-
Rundweg: Blick auf
St. Bartholomä und das
Steinerne Meer

4 Kühroint, 1.420 m und Archenkanzel

Ein Almplateau mit gigantischer Aussicht und mehreren Einkehrmöglichkeiten – die Kührointalm gehört zu den besonders empfehlenswerten Zielen und lässt sich auf drei Wegen unterschiedlicher Schwierigkeitsgrade erreichen.

Drei Ausgangspunkte bieten sich für die Wanderung auf die Kühroint-Alm an: Die einfachste Route startet in Hammerstiel und verläuft ganz überwiegend auf gut ausgebauten Forstwegen. An der Kreuzung unterhalb der Schapbachalm halten wir uns nach links. Zwei ausgeschilderte Abkürzer schneiden die langen Kurven des Almweges ab und sorgen für etwas Abwechslung. Die Route ab dem Königssee-Parkplatz hat einen anderen Charakter: Zunächst relativ steil geht es hinauf zur Grünsteinhütte. Dort zweigt ein verwunschen wirkender Steig nach links ab und führt oberhalb der Weißen Wand entlang zur Kühroint-Straße. Für das letzte Stück nutzen wir diese Almzufahrt, die sich dann relativ eben zur Alm hinzieht. Nach einer Pause auf der Kührointalm, entweder auf der Kührointhütte oder bei dem nahegelegenen Almkaser, lohnt der Abstecher zur Archenkanzel: Der Tiefblick, der sich dort auf den Königssee und St. Bartholomä auftut, ist atemberaubend.

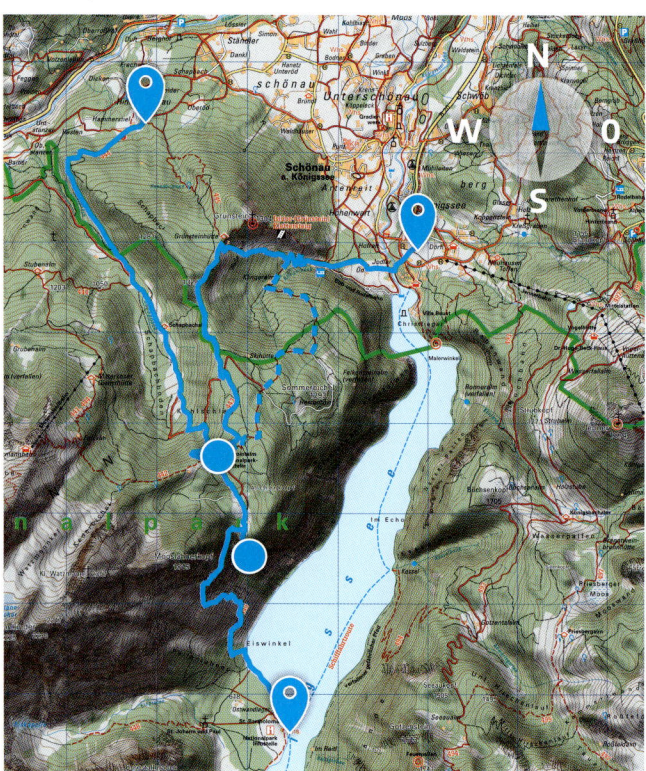

Der mit Abstand aufregendste Anstieg startet auf der Königssee-Halbinsel hinter der Wallfahrtskirche St. Bartholomä. Wir gehen ein kurzes Stück auf dem Bartholomä-Rundweg, zweigen aber dann nach rechts ab auf den sogenannten Rinnkendlsteig. Dieser führt, teilweise ausgesetzt und über Holzleitern, aber gespickt mit herrlicher Aussicht auf den See und die umliegen-

- Hammerstiel – Schapbachalm 1 ¼ Std.
- Schapbachalm – Kührointalm 1 ½ Std.
- Parkplatz Königssee – Grünsteinhütte 2 ½ Std.
- Grünsteinhütte – Kührointalm 1 Std.
- Kührointalm – Archenkanzel 30 Min.
- St. Bartholomä – Archenkanzel 3 ½ Std.
- Kührointalm – Klingeralm – Parkplatz Königssee 2 ¼ Std.

den Berge, hinauf. Ein kleiner Abstecher nach rechts bringt uns direkt auf die Archenkanzel. Erst danach queren wir hinüber zur Kührointalm.

Alternativ zu den beschriebenen Routen bietet sich Richtung Königssee-Seelände noch der Abstieg über die Klingeralm an: Von Kühroint aus geht man ganz kurz auf der Almstraße zurück, um dann rechts in einen ausgeschilderten Weg abzuzweigen. Anfangs verläuft dieser in ebenen Bögen, doch bald verlieren wir im steilen Gelände immer schneller an Höhe und stoßen im unteren Teil auf den Anstieg zum Grünstein. An der Rodelbahn vorbei gehen wir zum Königssee hinab.

| Oben: Tiefblick von der Archenkanzel
  auf den Königssee
| Rechts: Gedenkkapelle St. Bernhard auf Kühroint

5 Grünstein, 1.303 m

Als dem Watzmann vorgelagerter, 1.303 Meter hoher Gipfel lockt der Grünstein mit einem grandiosen Blick hinüber zur Watzmann-Familie, aber auch mit der Aussicht über das weite Tal der Schönau hinweg.

Wer den Grünstein besteigen möchte, kann entweder am Königssee starten oder den etwas höher gelegenen Parkplatz Hammerstiel wählen. Vom Königssee-Parkplatz geht es zunächst hinter dem Königsser Hof an der Königsseer Ache entlang und dann über das Wehr. Schräg gegenüber beginnt der Aufstieg, zunächst auf einem Weg durch die Wiese, dann zwischen einigen Höfen hindurch und über einen breiteren Sandweg hinauf. Diesen Sandweg verlassen wir nach rechts und steigen über einen gut hergerichteten Steig bis zur Grünsteinhütte hinauf. Von dort sind es nur noch etwa 20 Minuten bis zum Gipfel, der einige Sitzbänke und einen fantastischen Rundumblick offeriert. Den Abstieg Richtung Königssee könnte man etwas variieren, indem man rechts von der Sandstraße Richtung Rodelbahn abzweigt und Deutschlands älteste Kunsteisbahn im Vorbeigehen besichtigt. Von Hammerstiel aus ist der Anstieg etwas schattiger, aber auch relativ steil. Man geht über die sandige Fahrstraße, die der Wirt der Grünsteinhütte nutzt, kann aber bald über einen Abkürzer links vom Fahrweg ausweichen und den angenehmeren Pfad mit Stufen und Wurzeln nutzen. Wer die beiden Wege zu einer Rundtour kombinieren möchte, kann ein Teilstück mit dem Bus zurücklegen: 100 Höhenmeter unterhalb des Parkplatzes Hammerstiel bietet sich die Bushaltestelle Kramerlehen an.

- Königssee Parkplatz – Grünsteinhütte 2 ½ Std.
- Grünsteinhütte – Grünsteingipfel 20 Min.
- Abstieg zum Königsee-Parkplatz 1 ¾ Std.
- Hammerstiel – Grünsteinhütte 1 ¾ Std.

Links: Blick vom Grünsteingipfel auf den Watzmann
Unten: Gipfelkreuz auf dem
Grünstein mit Hohem Göll
und Jenner

6 Watzmannhaus, 1.930 m

Den meisten Wanderern dient das Watzmannhaus als Zwischenstation, um den zweithöchsten Berg Deutschlands zu besteigen. Doch auch als eigenständiges Ziel lohnt diese Alpenvereinshütte aufgrund ihrer exponierten Lage die Mühen des Anstiegs.

Der mit Abstand schönste Zustieg zum Watzmannhaus ist der Falzsteig, der auf der Kührointalm beginnt und das Watzmannkar im unteren Bereich quert. Nach Kühroint gelangen wir entweder vom Königssee-Parkplatz oder vom Parkplatz Hammerstiel (siehe auch Tour 4). Auf der Kührointalm halten wir uns direkt auf den weithin sichtbaren Watzmann zu. Der Steig führt anfangs leicht aufwärts durch den Wald, später müssen wir an einer Felsstufe ein etwas ausgesetztes Stück meistern, wobei uns jedoch Drahtseile helfen. Wir erreichen den Kaser der Falzalm und wenden uns nach links oben auf den vielbegangenen Steig zum Watzmannhaus, das über uns auf dem Falzkopf thront. Für den Abstieg kön-

nen wir den bequemeren Weg über die Mitterkaseralm und die Stubenalm wählen. Noch oberhalb der Hütten der Stubenalm zweigen wir dann rechts Richtung Hammerstiel ab und gehen bei der Kreuzung unterhalb der Schapbachalm geradeaus. Wer an der Königssee-Seelände gestartet ist, muss dann noch von Hammerstiel

| Rechts: Das Watzmannhaus auf dem Falzköpfl
| Unten: Die Falzalm mit der Watzmannfrau im Hintergrund

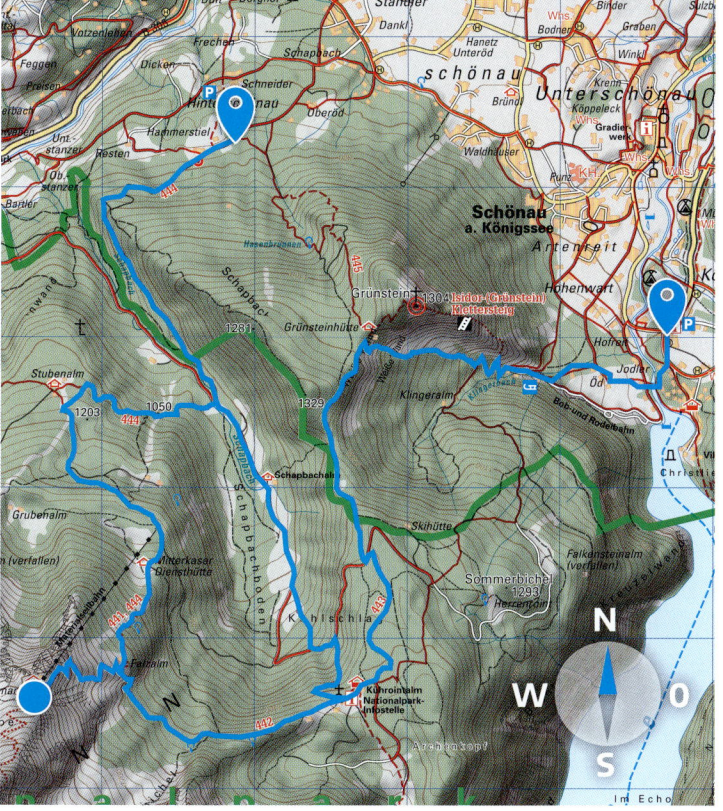

| Oben: Rückblick zum Watzmannhaus beim Anstieg Richtung Hocheck
| Unten: Die Falzalm vor dem Hohen Göll und dem Hagengebirge

zum Königssee queren: Die Wege führen am Fuße des Grünsteins entlang oder man kann einen Bus vom Kramerlehen, etwa 100 Höhenmeter unterhalb des Parkplatzes Hammerstiel, nutzen.

- Hammerstiel – Kührointalm 2 ¾ Std.
- Parkplatz Königssee – Kühroint 3 ½ Std.
- Kührointalm – Watzmannhaus 2 Std.
- Watzmannhaus – Stubenalm 1 ¾ Std.
- Stubenalm – Hammerstiel 1 ½ Std.

7 Wimbachtal

Tief eingeschnitten zwischen Watzmann und Hochkalter, fasziniert das Wimbachtal durch ein besonderes Phänomen: Der Fluss verläuft lange Zeit unterirdisch und hat eine Schotterlandschaft, das Wimbachgries, geschaffen. Eine Klamm am Beginn des Tals sorgt zusätzlich für Abwechslung.

Die Wanderung startet auf einer kleinen Asphaltstraße, vor deren Ende wir nicht versäumen sollten, bei dem letzten Bauernhof Marken für den Zutritt in die Wimbachklamm zu erwerben. Diese Klamm ist nicht sehr lang, doch – vor allem nach Regentagen – beeindruckend aufgrund der tiefen Einschnitte und der bemoosten Wände mit unzähligen kleinen Wasserfällen. Nach dem Austritt aus der Klamm halten wir uns rechts und gelangen auf den breiten Sandweg, der links in bequemer Steigung zum Wimbachschloss führt. In diesem ehemaligen Jagdschloss der bayerischen Könige befindet sich heute eine Gaststätte, wo sich eine ausgiebige Pause lohnt. Der Weiterweg zur Wimbachgrieshütte verläuft teilweise in oder am Rande des großen Gries-Stromes und gibt überwältigende Ausblicke auf die umliegenden Bergspitzen frei. Wer nicht so weit gehen möchte, kann nach dem Schloss auch nur 25 Minuten des Weges anhängen: Dort kreuzt der Weg das Gries, so dass wir einen Eindruck von dieser einzigartigen Landschaft bekommen.

- Wimbachbrücke – Wimbachklamm 20 Min.
- Durchquerung der Wimbachklamm 15 Min.
- Wimbachklamm – Wimbachschloss 1 ¼ Std.
- Wimbachschloss –
  Wimbachgrieshütte 1 ¾ Std.

Links: Im Wimbachtal,
die Palfenhörner im Hintergrund
Rechts oben: Der breite Gries-Strom,
unter dem das Wasser fließt
Rechts unten: Die Wimbachklamm mit ihren
gut gesicherten Steigen

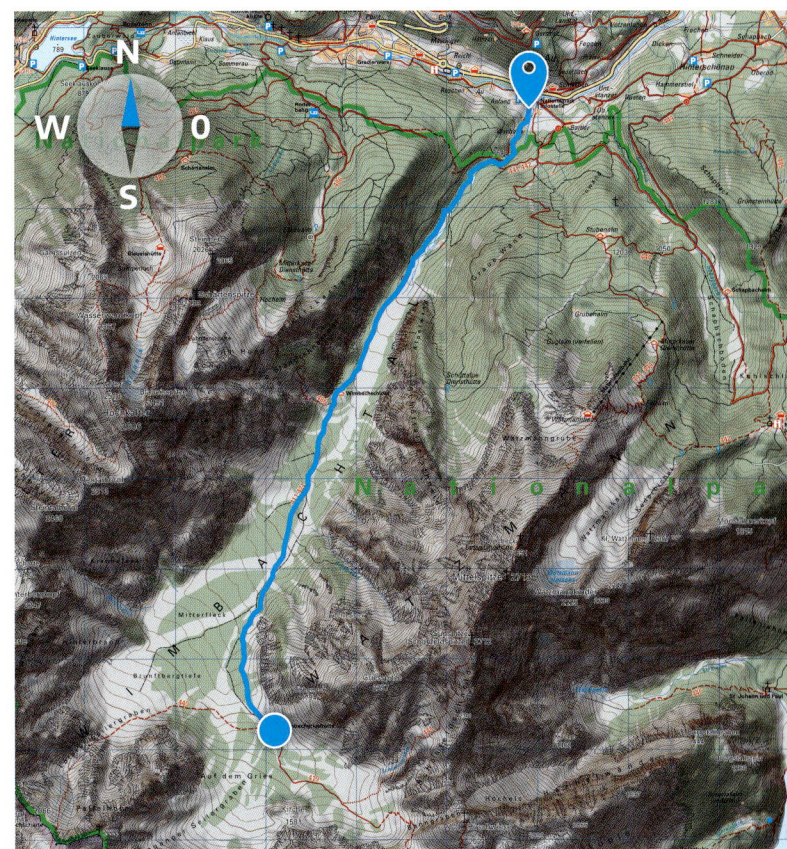

8 Schärtenalm und Blaueishütte, 1.680 m

Vor allem Kuchenliebhaber kommen bei dieser Wanderung voll auf ihre Kosten: Sowohl die Schärtenalm als auch die höher gelegene Blaueishütte haben unter den Leckermäulern einen hervorragenden Ruf. Die Wanderwege dorthin lassen sich bequem bewältigen.

Die Tour startet in der Nähe des Hintersees: Entweder ab Holzlagerplatz oder ab der Seeklause erreichen wir bald den Hüttenfahrweg und nutzen diesen breiten Sandweg bis zur aussichtsreich gelegenen Schärtenalm. Danach verläuft der Fahrweg noch eine Weile in etwa eben am Hang entlang, endet dann aber bei der Talstation der Materialseilbahn der Blaueishütte. Bereits kurz davor zweigt links ein Steig ab, der uns unterhalb einer Wand entlang und dann im ständigen Zickzack zur Blaueishütte hinaufbringt. Der Rückweg erfolgt auf denselben Wegen wie der Aufstieg. Wer die Wanderung zu einer Rundtour ausweiten will, startet am Ortsende der Ramsau am Parkplatz Pfeiffenmacherbrücke. Zunächst geht es dort über die Eckau-Almstraße zur Eckaualm, dann hinauf Richtung Hochalm. Noch unterhalb der Hochalm, auf der sogenannten Märchenwie-

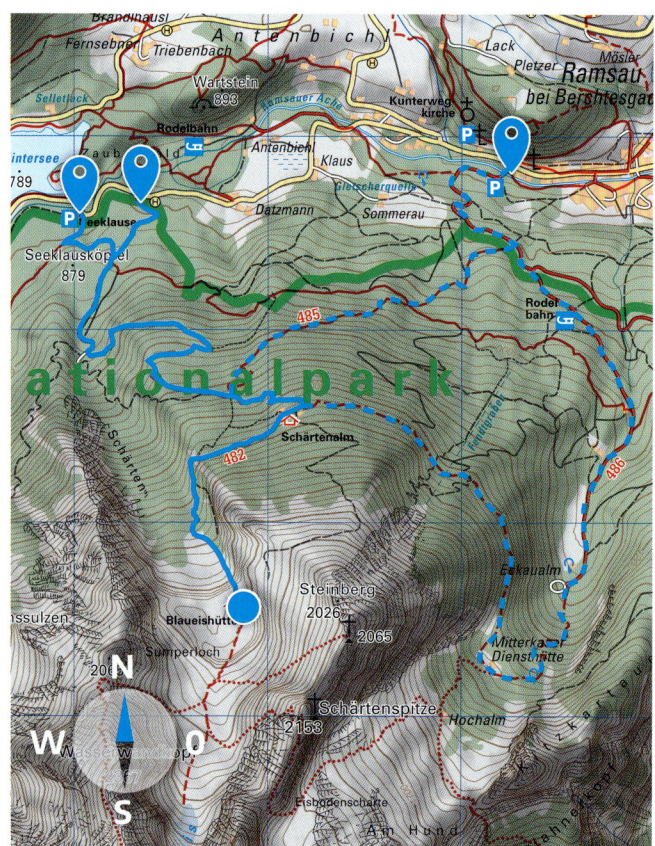

se, die mit ihrer Blumenpracht im Frühsommer prangt, nehmen wir dann den ausgeschilderten Schärtensteig. Dieser malerische Steig bringt uns bis zur Schärtenalm. Im Abstieg gehen wir dann ein kurzes Stück auf der sandigen Fahrstraße Richtung Hintersee bergab, zweigen dann aber rechts ab Richtung Ramsau, kreuzen den Schattseitweg und erreichen die Eckau-Almstraße, der wir dann nach links abwärts folgen.

- Holzlagerplatz / Seeklause – Schärtenalm 2 Std.
- Schärtenalm – Blaueishütte 1 Std.
- Pfeiffenmacherbrücke – Eckaualm 1 ¾ Std.
- Eckaualm – Märchenwiese (unterhalb der Hochalm) 1 Std.
- Märchenwiese – Schärtenalm 1 Std.

Oben: Tiefblick über die Blaueishütte auf den Hintersee
Links: Die urige Schärtenalm mit leckerem Kuchen
auf traditionell bemaltem Geschirr

9 Klausbachtal

Das Klausbachtal ist das Parade-Tal des Alpennationalparks Berchtesgaden: zwei Nationalpark-Informationsstellen, drei Almen und ein Gasthaus am Wegesrand sowie ein Almerlebnisbus, mit dem sich An- oder Abstieg nach Belieben verkürzen lassen.

Gleich am Eingang des Klausbachtals, unweit des Parkplatzes Hirschbichlstraße, steht das Klausbachhaus, ein beliebter Nationalpark-Stützpunkt. Wir verlassen die schmale Straße, die nur der Almerlebnisbus befahren darf, nach links auf den Wanderweg, der uns anfangs weitgehend eben ins Tal hineinbringt. Nachdem links ein Abstecher zur Ragertalm ausgeschildert war, wird der Weg etwas steiler und erreicht eine Hängebrücke, wo wir auf die andere Seite des Talgrabens wechseln. Über eine Holzgalerie gehen wir dann an einer Felswand entlang und gelangen bald zur Engert-Holzstube, einer zweiten Nationalpark-Infostelle. Jetzt folgen wir dem gut gepflegten Weg – mit inzwischen ordentlicher Steigung – weit oberhalb des Klausbach-Grabens, bis wir am Rande des Almgeländes der Bindalm wieder an den Bach herankommen. Die wunderbar blühenden Almwiesen der Bindalm kreuzend, gelangen wir zu zwei bewirtschafteten

Hütten oder gehen noch weiter und erreichen das Gasthaus Hirschbichl kurz unterhalb des Hirschbichlpasses. Dieser Pass stellte in früheren Jahrhunderten einen wichtigen Übergang – vor allem für die Salzsäumer, die Träger des damals „weißen Goldes" – in den Salzburger Pinzgau dar. Wer die Wanderung nochmal ausdehnen will, kann vom Hirschbichlpass (entweder über den Waldsteig oder die Almstraße) auf die herrlich gelegene und mit einer Jausenhütte lockende Litzlalm aufsteigen.

- Parkplatz Hirschbichlstraße – Hängebrücke 1 Std.
- Hängebrücke – Bindalm 1 ¼ Std.
- Bindalm – Hirschbichl 15 Min.
- Hirschbichl – Litzlalm 45 Min. (über Steig), 1 Std. über Almstraße

Rechts: Die Nationalpark-Informationsstelle Klausbachhaus am Eingang des Tals
Unten: Enzianblüte auf der Bindalm – im Hintergrund die Gipfel der Reiteralm, die Ramsauer Dolomiten

10 Hintersee und Halsalm, 1.200 m

Der Ausflug zur Halsalm lässt sich wunderbar mit einer Runde um den Hintersee verbinden, den bereits die Maler im 19. Jahrhundert als Naturidyll schätzten. Ein schöner Steig durch den Wald und die Alm unter der imposanten Bergkulisse komplettieren das Genusserlebnis.

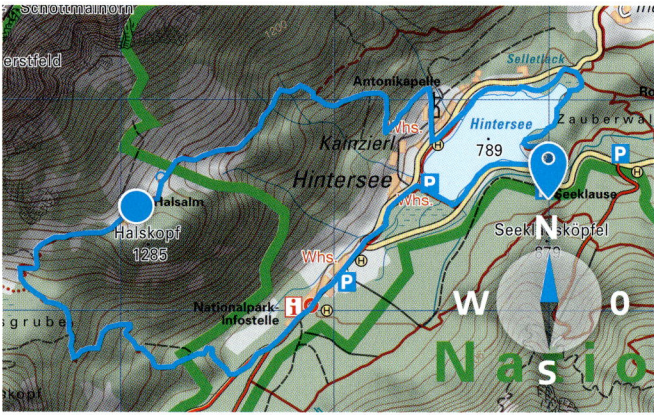

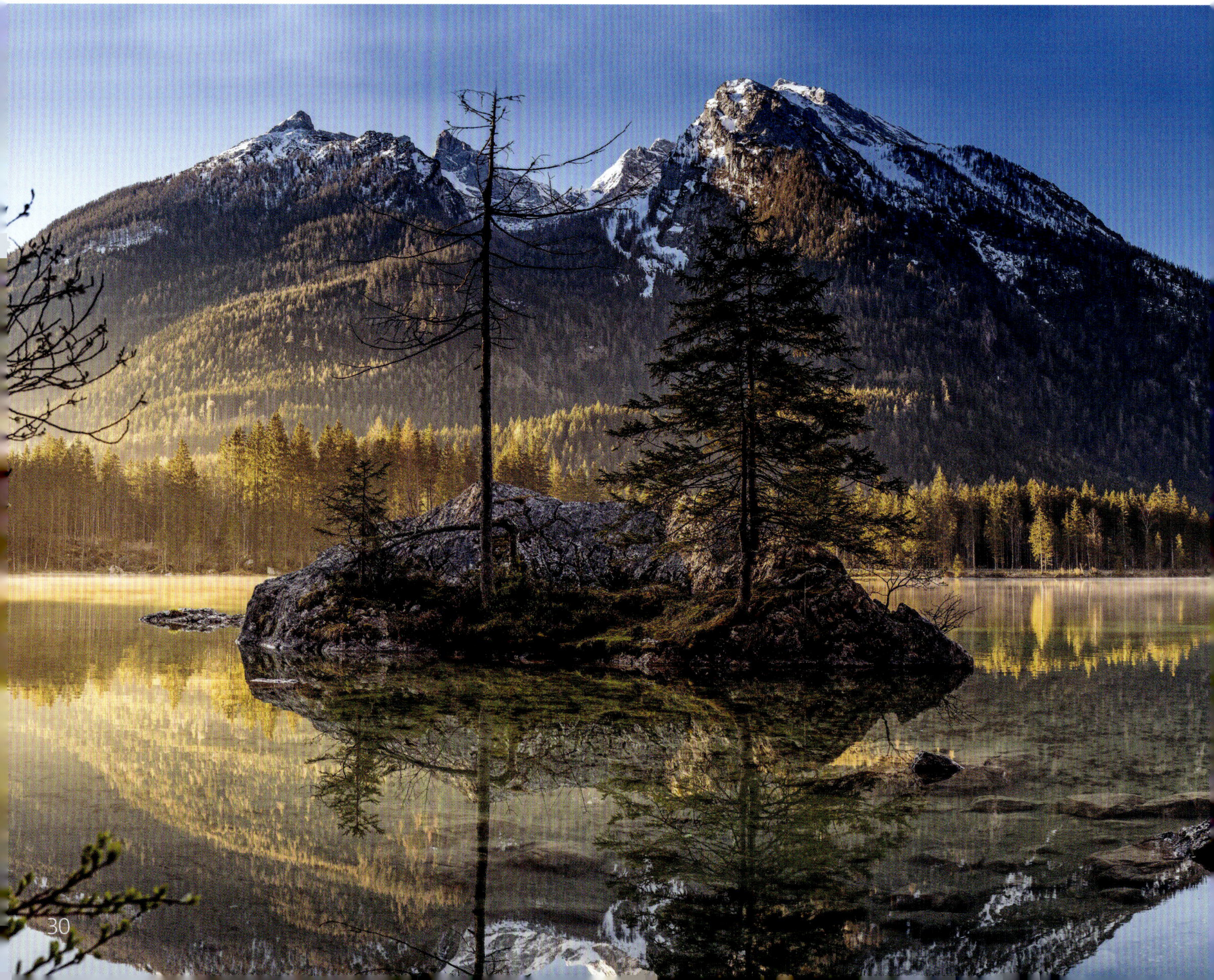

Mit dem idyllischen Teil der Wanderung beginnen wir den Tag: Wir überqueren die Seeklause, die den Ausfluss der Ramsauer Ache aus dem Hintersee reguliert, und genießen den Pfad entlang des Sees. Kurzzeitig treffen wir auf einen breiteren Sandweg, den wir bald wieder nach links verlassen. Kurz darauf erblicken wir die bekannten Fotomotive mit den Felsblöcken im Wasser und der Reiteralm-Bergkulisse dahinter im besten Morgenlicht. Wir gehen ein Stück auf der Straße am See entlang und zweigen dann hinter dem großen holzverkleideten CVJM-Gästehaus nach rechts ab. Durch schönen Wald steigen wir hinauf, folgen der Ausschilderung nach links und erreichen bald das offene Almgelände. In den Weidemonaten kann man auf der Alm Getränke und almtypische Brotzeiten zu sich nehmen. Für den Abstieg können wir alternativ den bequemen Fahrweg der Almbauern wählen, der auf der anderen Seite des Almgeländes beginnt und uns nach vielen Kehren zur Hirschbichlstraße hinabbringt. Hier gehen wir nach links und besuchen eventuell noch das Klausbachhaus, eine Informationsstelle des Nationalparks, oder das beliebte Gasthaus Auzinger. Der weitere Weg führt entlang der kleinen Straße. Bei der Weggabelung nehmen wir den linken Zweig und biegen kurz darauf rechts in den Hintersee-Rundweg ein, der uns im letzten Teil auf einem Weg unterhalb der Straße zur Seeklause zurückleitet.

- Seeklause – CVJM-Gästehaus 30 Min.
- Hintersee – Halsalm 1 ½ Std.
- Halsalm – Klausbachhaus 1 ¼ Std.
- Klausbachhaus – Seeklause 30 Min.

Oben: Die Halsalm (etwas versteckt zwischen den Bäumen) mit dem Wagendrischelhorn
Unten: Der Hintersee unter dem Hochkalter (links) und der Reiteralm (rechts hinten)

Zauberwald und Wartstein, 893 m

Durch den verwunschenen Zauberwald, der bei einem Felssturz vor 5.000 Jahren entstand, gelangen wir zum malerischen Hintersee. Der nahegelegene Wartstein lässt sich leicht besteigen und eröffnet schöne Tiefblicke.

Von der Pfeiffenmacherbrücke am Ortsausgang der Ramsau folgen wir zunächst kurz der Almstraße Richtung Eckaualm, biegen aber bald nach rechts ab Richtung Gletscherquellen. Bei diesen Gletscherquellen kommt in der Zeit nach der Schneeschmelze das unterirdisch vom Blaueisgletscher abfließende Wasser zwischen bemoosten Steinen wieder zutage – ein beeindruckendes Phänomen. Bald überqueren wir die Straße zum Hintersee und werfen kurz darauf einen Blick in die Marxenklamm, was uns ein roter Metallsteg ermöglicht. Die breite Sandstraße führt am

„Wirtshaus im Zauberwald" vorbei und geht in einen schmaleren Weg über. Nach einer Brücke halten wir uns links und treten in den eigentlichen Zauberwald ein, wo sich der Steig durch viele überwachsene Felsblöcke hindurchschlängelt. Bei der Seeklause gelangen wir an den Hintersee und nehmen den schönen Weg rechts am Ufer entlang. Hier zeigen nachgebaute Maler-Staffeleien, welche Motive die Landschaftsmaler im 19. Jahrhundert verewigt haben. Nachdem wir auf eine Sandstraße gestoßen sind, gehen wir kurz links und dann gleich wieder rechts, um Richtung Wartstein aufzusteigen. Anfangs recht steil, doch insgesamt relativ bequem gelangen wir, zweimal nach rechts abzweigend, zum Wartstein-Gipfel. Für den Abstieg halten wir uns dann rechts Richtung Ramsau und erreichen eine offene Wiesenlandschaft, deren Blumenpracht wir am intensivsten genießen können, wenn

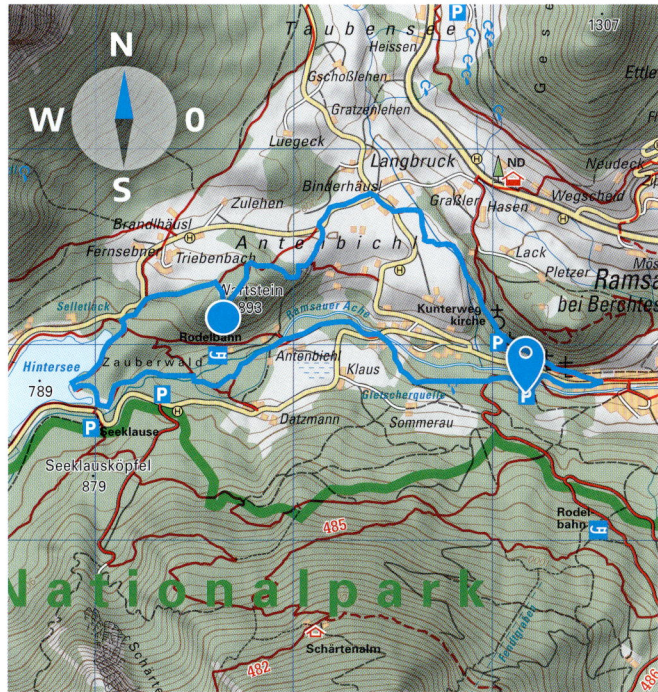

rechts und kurz darauf links. Am Lattenbach entlang erreichen wir die Kunterwegkirche, eine sehenswerte Rokoko-Wallfahrtskirche. Dem Kunterweg folgend treffen wir auf die Straße „Im Tal", wo wir nach rechts zur Pfeiffenmacherbrücke zurückgelangen.

- Ramsau (Pfeiffenmacherbrücke) – Hintersee 1 Std.
- Hintersee – Wartstein 30 Min.
- Wartstein – Ramsau 1 Std.

wir zunächst rechts bleiben und uns dann im Bogen der Triebenbachstraße nähern. Am Bindenkreuz, einer Kreuzung mit auffälliger Wegweiser-Säule, gehen wir

| Links: Weg durch den Zauberwald
| Oben: Auf dem Gipfel des Wartsteins

Die Mordaualm: Sommerweide mit spektakulärer Aussicht zu Steinberg und Blaueisgletscher

12 Mordaualm, 1.194 m und rund um den Schmuckenstein

Aufgrund ihrer südseitig ausgerichteten Lage und der herrlichen Aussicht ist die Mordaualm zu allen Jahreszeiten ein beliebtes Ziel. Sie ist auf bequemen Wegen zu erreichen, während bei der Runde um den Schmuckenstein kleine Pfade das Wandererlebnis prägen.

Vom Parkplatz Taubensee zweigen wir sehr bald nach rechts von der Mordau-Almstraße ab und gehen durch eine kleine Senke (mit einem sehr schönen Picknick-Platz an einem kleinen Bach) hinauf auf einen breiteren Weg, wo wir uns links halten. Durch eine schöne Ebene, die bereits früh im Jahr mit vielen Blüten erfreut, gelangen wir zum Forsthaus Pfaffental und nehmen links den Querweg zur Mordaualm. Danach nutzen wir die Almstraße und erreichen bald das herrliche Almgelände, wo in den Weidemonaten gleich drei Kaser zur Einkehr einladen. Hinter dem Kaser, der rechts von der Almstraße liegt, startet der Rundweg um den Schmuckenstein. Dieser führt rechts zunächst hinauf in die Senke zwischen Schmuckenstein (links von uns) und Gsengschneid (rechts), dann über einen Karrenweg hinab. Auf der Wiese halten wir uns dann nach links oben und steigen auf eine Schulter des Schmuckensteins hinauf, wo ein paar Bänke zur Rast einladen. Wir haben nahezu den höchsten Punkt unserer Wanderung erreicht, jetzt geht es im leichten Auf und Ab um den Schmuckenstein und den angrenzenden Pfaffenbichl herum und der kleine Pfad führt uns bis zur Mordaualm zurück. Für den bequemen Abstieg wählen wir die Almstraße zum Parkplatz zurück. Alternativ kann man die Wanderung auch bei dem kleinen Parkplatz Kaltbachlehen rechts an der Alpenstraße beginnen und über den Soleleitungsweg in die Ebene unter dem Forsthaus Pfaffental gelangen.

Als dritte Option bietet sich an, die Wanderung in dem etwas höher liegenden Hochschwarzeck zu starten, wo die Runde um den Schmuckenstein ebenfalls gut ausgeschildert ist.

- Taubensee-Parkplatz – Mordaualm (über Pfaffental) 1 ¾ Std.
- Runde um den Schmuckenstein 2 ¼ Std.
- Mordaualm – Taubensee-Parkplatz 1 Std.
- Kaltbachlehen – Mordaualm 1 ½ Std.
- Hochschwarzeck – Einstieg in die Schmuckenstein-Runde 30 Min.

Oben: Das Almkreuz vor der Kulisse von Watzmann und Hochkalter

13 Aschauer Klamm

Die Aschauer Klamm gehört zwar nicht zu den spektakulären Klammen in der Berchtesgadener Region, beeindruckt aber dennoch durch enge Einschnitte, kleine Wasserfälle und vielfältige Kaskaden. Wer Wanderungen entlang quirliger Wasserläufe liebt, kann diese ruhige Tour überaus genießen.

In Schneizlreuth halten wir uns Richtung Haiderhof, unterqueren die stark befahrene Bundesstraße mittels eines Tunnels und gehen entlang des Weißbachs bis zu seiner Mündung in die Saalach. Auf einer Holzbrücke wechseln wir ans andere Saalachufer, wenden uns nach rechts und gehen lange Zeit an der Saalach entlang. Beim Haiderhof queren wir den Gastgarten und gelangen so an das Ufer des Aschauer Bachs, dessen Tal immer enger und abenteuerlicher wird, je weiter wir hinaufkommen. Immer wieder können wir kleine

Wasserfälle, tiefe Gumpen und vielfältige Kaskaden bewundern und den Bach auf mehreren Stegen queren. An der Aschauer Klause, die für die Holztrift erbaut wurde, gibt es nicht nur informative Tafeln, sondern auch mehrere Bänke, um eine Pause einzulegen. Wer nicht den gleichen Weg zurückgehen, sondern die Tour zu einer Rundtour ausweiten will, wechselt bei der Aschauer Klause auf die andere Bachseite und wendet sich dann nach links. Auf einer Forststraße, die durch zwei Tunnel verläuft und an einer netten Jägerhütte vorbeiführt, gehen wir zwischenzeitig ein Stück aufwärts und dann hinab. Nach einem ausgeschilderten Abkürzer der Forststraße zweigt links ein ausgeschilderter Weg Richtung Haiderhof ab. Über einen Steig gelangen wir wieder zum Aschauer Bach und gehen in dem schönen Bachtal zurück zum Haiderhof, der an Wochenenden und Feiertagen Kuchen

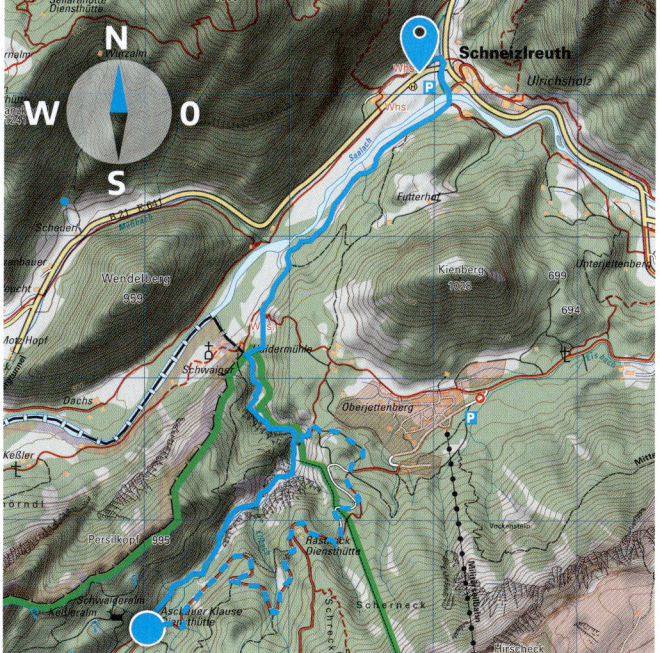

und Brotzeiten anbietet. Wer mit dem Auto bis zum Parkplatz des Haiderhofs fahren möchte, verkürzt die Tour um den Weg entlang der Saalach.

- Schneizlreuth – Haiderhof 1 Std.
- Haiderhof – Aschauer Klause 1 ¼ Std.
- Aschauer Klause – Haiderhof (durch die Klamm) 1 Std.
- Aschauer Klause – Haiderhof (über Forststraße) 1 ½ Std.

Links und unten: Im Bachtal der Aschauer Klamm
Oben rechts: Frieden-Schützen-Denkmal in Schneizlreuth, eine Erinnerung an die Napoleonischen Kriege
Oben: Die Aschauer Klause, erbaut, um Holz durch das Tal zu triften

14 Soleleitung West und Taubensee

Der sonnige Soleleitungsweg, auch Ramsauer Höhenweg genannt, zieht sich fast eben an den Berghängen entlang und liefert grandiose Ausblicke. Das Wegstück, das sich nach Nordwesten wendet, lässt sich mit einem Rundweg um den kleinen Taubensee verbinden.

Vom Parkplatz Zipfhäusl überqueren wir zunächst die Schwarzecker Straße und gehen dann entlang der ehemaligen Soleleitung: Durch Holzrohre floss hier bereits 1817 das salzhaltige Wasser, die Sole, welche im Berchtesgadener Bergwerk gewonnen wurde, zur Reichenhaller Saline. Der Weg führt durch offene Wiesenlandschaften und ein Waldstück. Beim Parkplatz oberhalb des Kaltbachlehens halten wir uns rechts und nach etwa 300 Metern entsprechend der Ausschilderung links. Wir durchschreiten eine Senke mit einem schönen Picknickplatz an einem kleinen Bach und gelangen zur Mordau-Almstraße, wo wir mittels eines Tunnels unter der Alpenstraße hindurch schreiten können. Jetzt nehmen wir nach rechts den Taubensee-Rundweg auf und genießen auf einer kleinen Plattform den Blick über den zusehends verlandenden See hinauf zum Hochkalter mit seinem Blaueisgletscher.

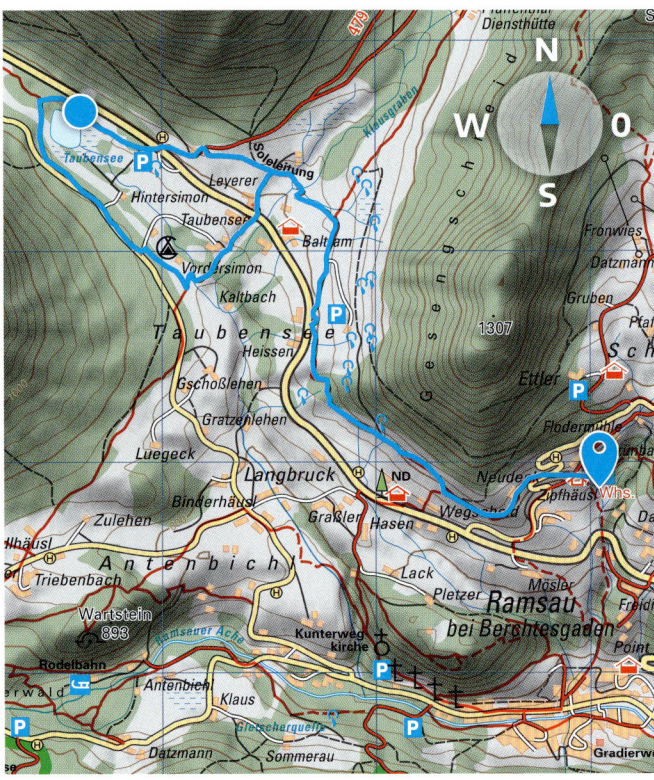

Der Weg rund um den kleinen See verläuft überwiegend im Wald, trifft auf die Alte Reichenhaller Straße, der wir nach links folgen. Kurz nach der Campingplatz-

Zufahrt nehmen wir den Weg durch die Wiese, die im Frühjahr durch Enziane und Mehlprimeln erfreut. Unser Weg geht links zu einem Bach hinab, dann wieder aufwärts bis zur Alpenstraße. Diese müssen wir vorsichtig kreuzen, um gegenüber den Fußweg rechts von dem Bauernhof aufzunehmen, der uns zum Soleleitungsweg zurückbringt. Rechts führt uns dann der vertraute Weg zurück zum Ausgangspunkt.

- Zipfhäusl – Taubensee 1 Std.
- Rund um den Taubensee 1 Std.

| Links: Ausblick am Soleleitungsweg in Richtung Reiteralm
| Oben: Der Hochkalter über dem Taubensee

15 Toter Mann, 1.392 m und Hirscheck

Die beiden nebeneinander liegenden Gipfel Toter Mann und Hirscheck gehören zu den besten Aussichtslogen, die auf Halbtagestouren zu erreichen sind. Während der Tote Mann ein eher beschaulicher Gipfel ist, bestimmt nebenan die beliebte Berggaststätte Hirschkaser die Atmosphäre.

Das Hirscheck und der Tote Mann sind auf einer großen Bandbreite unterschiedlicher Wege zu erreichen: Am schnellsten bringt uns die Hirscheckbahn hinauf, die in Hochschwarzeck ihre Talstation vorhält. Von Hochschwarzeck startet auch ein bequemer, breiter Weg, der sommers wie winters bei Wanderern und Schlittenfahrern beliebt ist. Kurz unterhalb der beiden Gipfel gabelt sich dieser Weg: Rechts gelangt man innerhalb von 15 Minuten auf den Toten Mann, links etwa gleich schnell aufs Hirscheck. Deutlich länger und auch anstrengender sind die Zustiege, die entweder in Engedey-Ilsank oder in Loipl starten: In der Engedey steigen wir zunächst über einen als Salzalpensteig ausgeschilderten Steig oder über die kleine Fahrstraße zur Bachmannkapelle auf. Dann geht es durch den Klinggraben zum Gasthaus Söldenköpfl, das am Soleleitungsweg liegt. Von dort führt ein Weg zu einer Kreuzung hinauf, wo geradeaus ein Steig beginnt, der nach vielen kleinen Kehren auf dem Toten Mann endet. Zu der Kreuzung unter dem finalen Anstieg auf den Toten Mann kann man auch gelangen, wenn man in Loipl beim

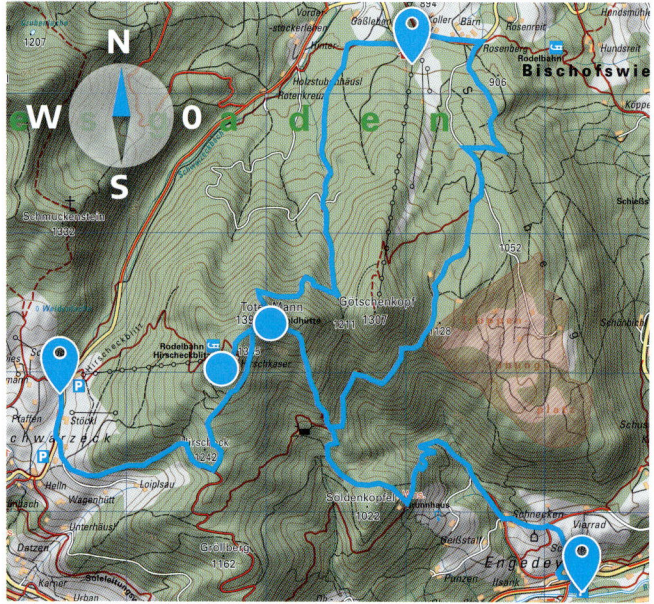

Götschen-Skigebiet startet: Man geht auf der Fahrstraße ein kleines Stück Richtung Bischofswiesen zurück und entdeckt Wegweiser für den gut ausgeschilderten Mitterbergsteig, der sich lange Zeit eben – und mit bester Aussicht – am Hang entlang zieht. Vom Toten Mann führt ein Abstieg (hinter der kleinen Bezoldhütte) durch den sogenannten Kaseranger wieder hinab Richtung Götschen-Talstation.

🕐
- Hochschwarzeck – Hirscheck / Toter Mann 1 ½ Std.
- Engedey-Ilsank – Söldenköpfl 1 ½ Std.
- Söldenköpfl – Toter Mann 1 ½ Std.
- Loipl – Toter Mann (via Mitterbergsteig) 2 ½ Std.
- Toter Mann – Loipl (via Kaseranger) 1 ¾ Std.

Oben: Die kleine Bezoldhütte auf dem Toten Mann
Links: Marien-Bildstock auf dem Wiesenplateau
Rechts: Ausblick hinüber zu Watzmann und Hochkalter

Einer der beliebtesten Spaziergänge im Bergsteigerdorf Ramsau ist der fast ebene Wanderweg entlang der ehemaligen Soleleitung, in der das salzhaltige Wasser von Berchtesgaden nach Reichenhall floss.

Wer gerne auf ebenen, aber aussichtsreichen Wegen spazieren geht, für den ist der Soleleitungsweg ideal: grandiose Ausblicke auf Hochkalter und Watzmann, interessante Tafeln, die über den Salztransport informieren, und gleich drei Gasthäuser, die zu einer Rast einladen. Wir starten am Zipfhäusl, gehen oberhalb des gleichnamigen Gasthauses vorbei und genießen den freien Blick, der sich bei diesem Wegstück auftut. Nach dem Berggasthof Gerstreit führt der Weg überwiegend

durch den Wald, doch bei der Berggaststätte Söldenköpfl eröffnet sich wieder ein grandioses Panorama. Wer den Soleleitungsweg, auch Ramsauer Höhenweg genannt, mit etwas sportlicheren Zu- oder Abstiegen kombinieren möchte, kann in bei der Ramsauer Pfarrkirche St. Sebastian starten und den Schluchtweg als schönen Anstieg – entlang des Schwarzecker Bachs – zum Zipfhäusl nutzen. Von der Wimbachbrücke gelangt man auf schönen Wegen, zunächst ein kurzes Stück über die gegenüberliegende Kederbacherstraße, hinauf nach Gerstreit. Der Aufstieg zum Söldenköpfl beginnt in Engedey-Ilsank und führt durch den Klinggraben, den auch die Wirte als Fahrweg nutzen, hinauf. Auch im Tal lassen sich Verbindungen zwischen den Ausgangs-

punkten auf schönen Wegen finden, lediglich von der Wimbachbrücke Richtung Engedey müsste man eventuell ein kurzes Stück auf einem Pfad, der neben der Straße verläuft, zurücklegen.

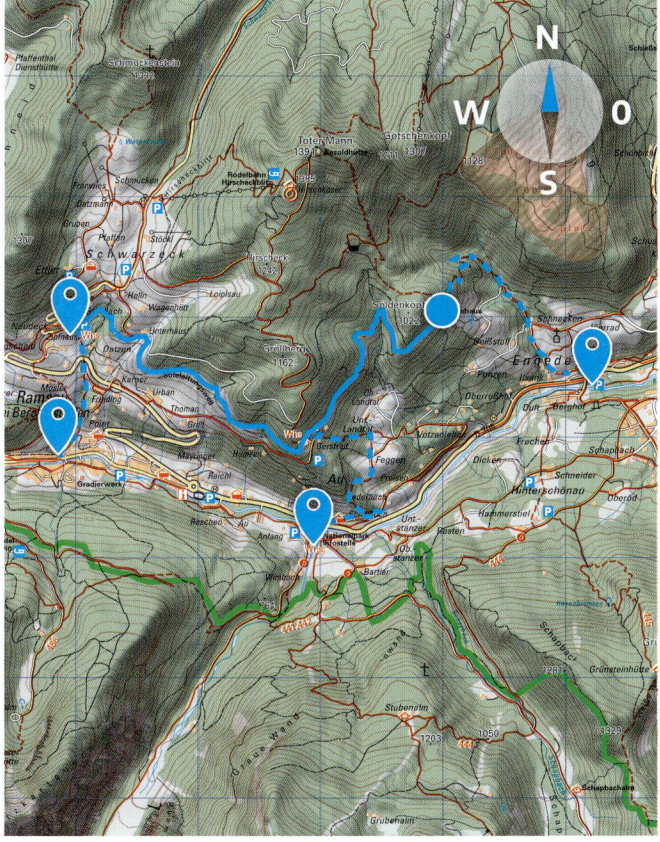

- Zipfhäusl – Gerstreit 45 Min.
- Gerstreit – Söldenköpfl 45 Min.
- Ramsau – Zipfhäusl (Schluchtweg) 1 Std.
- Wimbachbrücke – Gerstreit 1 ¼ Std.
- Engedey-Ilsank – Söldenköpfl 1 ½ Std.

Links: Herbstlicher Ausblick vom Soleleitungsweg über Ramsau auf den Hochkalter
Oben: Einblick in den Salztransport früherer Jahrhunderte: In den hölzernen Rohren, den Deicheln, floss die salzhaltige Sole.

17 Maximiliansreitweg

Wo einst König Maximilian ritt, lässt es sich heute mit grandiosen Ausblicken zum Watzmann wunderbar spazieren gehen. Ein Märchenpfad mit liebevoll geschnitzten Figuren sorgt bei Kindern für zusätzliche Attraktivität.

Nachdem wir hinter dem Naturschwimmbad Aschauer Weiher entlanggeschlendert und eventuell auch die Kneippanlage genossen haben, stoßen wir bereits auf den Märchenpfad, dem wir nach links folgen: Die kleine Runde zieht sich durch den Wald unterhalb steiler Wände und nimmt seinen Rückweg dann parallel zur Aschauerweiherstraße. Beim Parkplatz Dietfeld, der ebenfalls einen guten Ausgangspunkt darstellt, gehen wir nach oben, halten uns geradeaus bei der bereits vertrauten Kreuzung und dann zweimal links. Unter hohen alten Bäumen wandern wir am Rande weiter Wiesen, die im Winter für Langlaufloipen genutzt werden, aufwärts. Bei dem Viehrost werfen wir einen Blick nach rechts oben und können einen Wasserfall erspähen. Der Maximiliansreitweg ist ein gut ausgebauter Weg, der sich oberhalb von Bischofswiesen sowie dem Ortsteil Winkl bis zum Pass Hallthurm weiterzieht. Nach Winkl verliert er jedoch ein wenig an Attraktivität, da die stark befahrene Bundesstraße streckenweise nicht zu überhören ist. Zudem ist das letzte Wegstück vor dem Hallthurm für die Radler geteert worden. Oberhalb von Bischofswiesen lockt als zusätzliche Schleife der Aufstieg zur Kastensteinerwand: Auf einem schönen Pfad geht's aufwärts zu einem Aussichtsplateau und einer Gaststätte mit schöner Terrasse. Zurück kann man die steile Zufahrtsstraße nehmen, die wieder zum Maximiliansreitweg hinabführt.

- Märchenpfad-Runde ca. 1 Std.
- Aschauer Weiher – Bischofswiesen-Datzmannsiedlung / Abzweigung Kastensteinerwand 1 Std.
- Bischofswiesen – Winkl (über Maximiliansreitweg) 45 Min.
- Winkl – Hallthurm 1 ½ Std.
- Bischofswiesen – Kastensteinerwand 45 Min.

Ein Wanderweg
mit herrlicher Aussicht:
Watzmann-Blicke auf
dem Maximiliansreitweg

18 Rauher Kopf, 1.604 m

Mit dem Rauhen Kopf, der oft schon früh frei von Schnee ist, starten viele Einheimische ihre Bergsaison: Doch ist der Weg steil und bedarf an einigen Stellen auch großer Umsicht und Schwindelfreiheit. Dafür ist die Aussicht überwältigend.

Der kürzeste Zustieg auf den Rauhen Kopf startet bei der Kastensteinerwand Alm: Dort beginnt die Wanderung gleich sehr steil auf einem Karrenweg, von dem wir später nach rechts auf einen Steig abzweigen. Dieser Steig führt zu einer breiten Forststraße, die uns links nach wenigen Metern zum Rastplatz und Brunnen unter dem sogenannten Blauen Kastl bringt. Unser Weg geht hier rechts ab, zieht sich steil an die Wände des Rauhen Kopfes heran und wendet sich dann nach Norden. Kurzzeitig wandern wir relativ eben am Hang

entlang, dann steigen wir steil nach oben in die Senke zwischen Großem und Kleinem Rauhen Kopf. Das letzte Stück ist teilweise ausgesetzt, eine besonders heikle Stelle erfordert ein klein wenig Klettergeschick, ist aber durch ein Drahtseil gesichert. Auf dem Gipfel haben wir einen Rundumblick über die gesamten Berchtesgadener Alpen, aber auch über die Gebirge südlich von Salzburg, bis hin zum Dachstein. Der Rückweg erfolgt auf den gleichen Steigen wie der Aufstieg. Wer etwas mehr Zeit hat und die Wege variieren möchte, kann auch am Aschauer Weiher starten, dort ein Stück auf dem Maximiliansreitweg Richtung Bischofswiesen gehen und oberhalb der weiten Wiesen rechts auf einen Karrenweg abzweigen. Dieser geht in einen Steig über, der an einer Forststraße endet. Diese nehmen wir nach links und gelangen so zum Blauen Kastl. Im

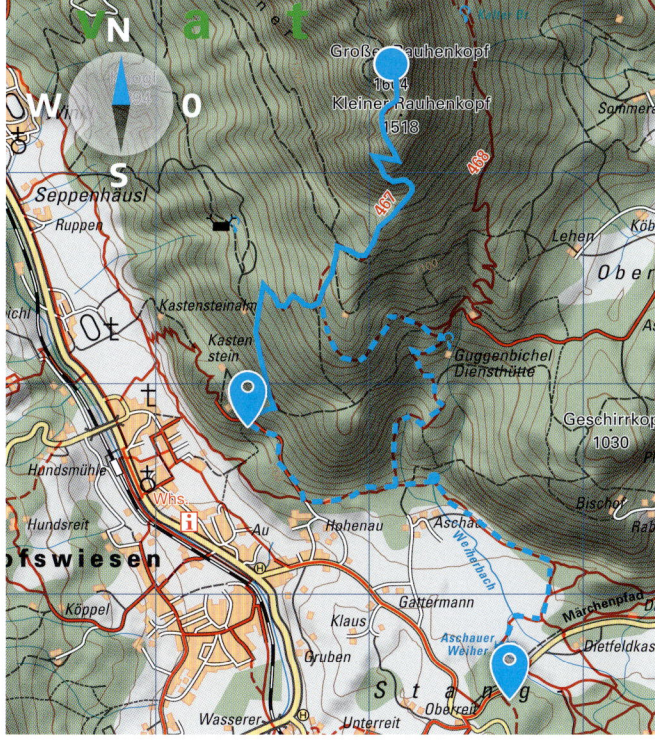

Abstieg nehmen wir von dort den Steig, der etwas unterhalb des Blauen Kastls rechts Richtung Kastensteinerwand Alm abzweigt und nutzen von dort die kleine Zufahrtsstraße, um wieder zum Maximiliansreitweg zurückzukommen. Nach links geht es dort wieder zurück zum Aschauer Weiher.

🕐

- Kastensteinerwand Alm –
  Blaues Kastl 1 1/2 Std.
- Blaues Kastl – Rauher Kopf 2 Std.
- Aschauer Weiher – Blaues Kastl 2 Std.

Links: Das Blaue Kastl, ein Bildstock bei einer Rastbank
Linke Seite, rechts oben: Ausblick zur „Schlafenden Hexe", einer Felsformation im Lattengebirge
Linke Seite, rechts unten: Talblick vom Rauhen Kopf
Oben: Das Gipfelkreuz mit dem Berchtesgadener Hochthron im Hintergrund

19 Tristramschlucht und Böcklweiher

Ein kleiner See inmitten einer Moorlandschaft bildet den Höhepunkt einer Runde, die überwiegend schmale Steige entlang von Einschnitten und Flusstälern nutzt. Neben der abwechslungsreichen Natur bereichern schöne Ausblicke Richtung Hoher Göll und Watzmann die Tour.

Da es an dieser Runde kaum öffentliche Parkplätze gibt, starten wir in Bischofswiesen-Strub an der Kirche St. Michael. Um möglichst wenig entlang der Straße gehen zu müssen, halten wir uns zunächst weiter nach hinten im Dachlmoosweg und nehmen dann rechts den Sandweg hinter den Bundeswehr-Parkplätzen. Dieser Weg führt uns auf die breite Gebirgsjägerstraße, die wir überqueren, um dann am Kasernen-Vorplatz vorbeizugehen und rechts in die Watzmannstraße einzubiegen. Wir gelangen zur Kletterhalle der hiesigen Alpenvereinssektion, gehen hinter deren Parkplatz in einen Pfad, der nach einem Linksknick in Richtung Gmund-

brücke (über Soleleitungsweg) führt. An der Gmundbrücke angekommen, nutzen wir eine Fußgängerüberquerung über die Bahnschienen, halten uns dann links und nehmen den rechten Abzweiger des Sträßchens „Färberwinkl". An dessen Ende beginnt der Weg durch die Tristramschlucht, der oberhalb der Bahnschienen im Einschnitt der Bischofswieser Ache entlangläuft. Sobald wir auf den Bachinger Weg treffen, gehen wir links über die Schienen und nehmen den Weg entlang eines Bachlaufs und gelangen so auf eine kleine Straße. Rechts liegt der Böcklweiher, den es sich wegen der Aussicht und eines kleinen Nebenteichs mit Seerosen zu umrunden lohnt: Dafür gehen wir an dem Weiher vorbei und zweigen bei der ersten Kreuzung in das Sträßchen „Oberweiher" ab, folgen dem Straßenknick nach links und erspähen so den kleineren Weiher, der einen Abstecher wert ist. Zurück auf der Böcklweiher-Runde nehmen wir die Sandstraße und biegen bald nach links Richtung Fliegerdenkmal ab, das an den

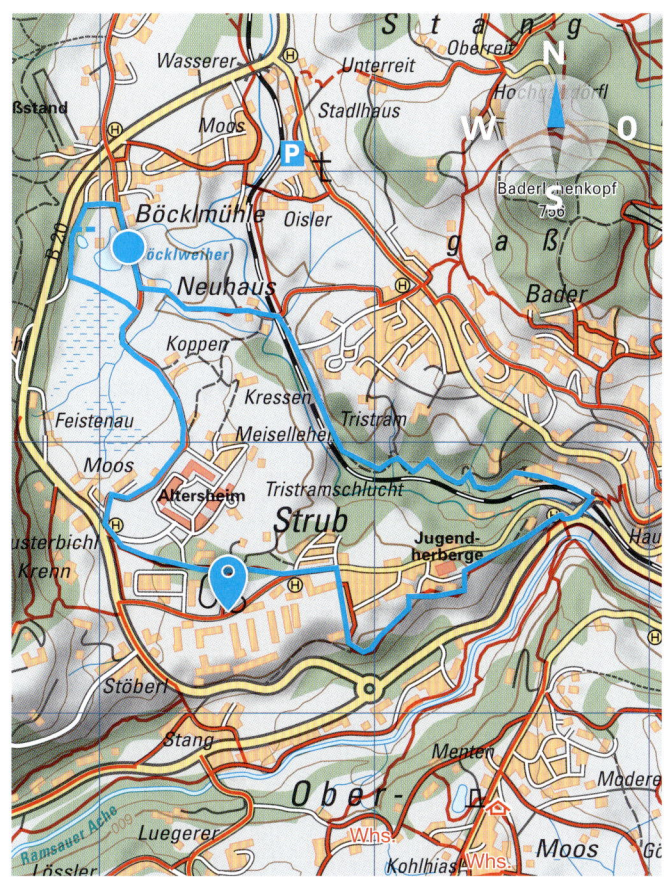

Absturz eines Luftwaffen-Flugzeugs erinnert. Nachdem wir die Runde beendet haben, gehen wir rechts, bewundern die vor seltenen Blütenpflanzen strotzenden Wiesen des Böcklmooses und steigen über die steile Straße hinauf. Oben nehmen wir rechts den Hochmoorweg und zweigen kurz vor Erreichen der Bundesstraße nach links in einen Gehweg ab, der uns wieder zu der Kirche St. Michael zurückbringt.

- Strub (Kirche) – Gmundbrücke 30 Min.
- Gmundbrücke – Böcklweiher
  (via Tristramschlucht) 1 Std.
- Böcklweiher-Runde 15 Min.
- Böcklweiher – Strub 35 Min.

| Links: Der Hohe Göll über dem Böcklweiher

20 Kälberstein-Runde

Eine abwechslungsreiche Runde mit schönen Ausblicken führt um den Kälberstein herum, auf dessen Gipfel nicht nur eine kleine Kapelle, sondern auch große Skisprungschanzen beeindrucken.

Wir starten am Aschauerweiher Bad und gehen zunächst rechts Richtung Stanggaß. Im Kreisverkehr halten wir uns links, gehen noch ein Stück vor und nehmen die kleine Sackgasse namens „Hochgartdörfl". Kurz darauf erreichen wir einen spektakulären Aussichtspunkt: Das Panorama der Watzmann-Familie präsentiert sich nur an wenigen Stellen so wunderbar wie hier. Wir gehen auf dem Wanderweg ein Stück abwärts, um uns dann aber – noch vor den

nächsten Häusern – nach links rückwärts in die Route „Rund um den Kälberstein" einzufädeln, die hier erstmals ausgeschildert ist. Durch einen schönen Wald gelangen wir zu den Funktionsgebäuden der Sprungschanze und können sowohl die Kinderschanzen als auch die mächtigen Schanzen für die Leistungssportler bewundern. Wir gehen links die geteerte kleine Straße hinab und halten uns dann rechts auf dem breiten Sandweg Richtung Oberkälberstein. Auf kleinen Zufahrtsstraßen gelangen wir – zweimal rechts abzweigend – zum Berggasthof Oberkälberstein mit seinem Wildgehege. Links und dann kurz darauf rechts geht es weiter Richtung Kälberstein-Sprungschanze und Kircherl. Der kleine Abstecher zum Gipfel

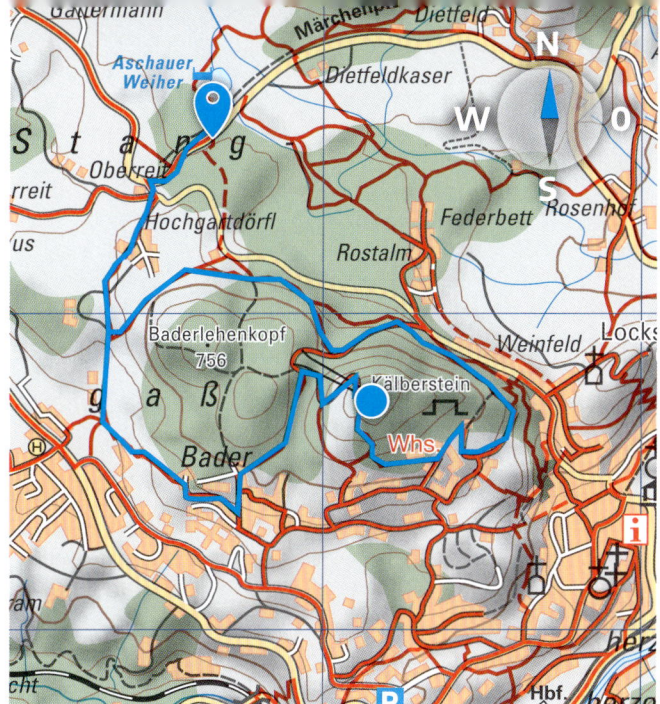

mit dem Kircherl lohnt sich, auch wenn der Gipfel überwiegend bewaldet ist. Jetzt gehen wir die kleine Straße hinab, auf der die Skisportler in Kleinbussen zum Springturm hinaufgefahren werden, und halten uns beim Skisprung-Auslauf nach links in den kleinen Hermannsteig. An dessen Ende gehen wir geradeaus hinab und noch vor dem ersten Haus rechts in einen kleinen Verbindungsweg. An dessen Ende geht es wieder rechts und hinab in den Ortsteil Stanggaß. Doch wir gehen nicht zur Hauptstraße nach vorne, sondern zweigen nach rechts ab, gehen an einer kleinen Kapelle vorbei und gelangen so wieder hinauf zum Hochgartdörfl, von wo wir auf vertrautem Weg zum Aschauer Weiher zurückgehen.

🕐
- Aschauerweiher Bad – Hochgart 15 Min.
- Hochgart – Sprungschanze 20 Min.
- Sprungschanze – Oberkälberstein 25 Min.
- Oberkälberstein – Kälberstein-Gipfel (Kircherl) 20 Min.
- Kälberstein-Gipfel – Stanggaß (via Hermannsteig) 30 Min.
- Stanggaß – Aschauerweiher Bad 20 Min.

| Links: Bauernwiesen und Bergpanorama: Weite Ausblicke auf der Kälberstein-Runde
| Unten: Die Kälberstein-Kapelle auf dem Gipfel

21 Gerner Höhenweg

Die kleine Wallfahrtskirche in Maria Gern und das sich dahinter auffaltende Panorama vom Steinernen Meer und dem Watzmann sind ein sehr beliebtes Fotomotiv. Genau dort startet der Gerner Höhenweg, der schöne Pfade und unzählige Ausblicke zu bieten hat.

Wir nehmen die kleine Straße, den Klammweg, der unterhalb der Wallfahrtskirche zum Gerner Bach hinunterführt. Unten gehen wir links über die Brücke und dann gleich rechts hinauf zu einem malerischen Bauernhof (Ausschilderung Gerner Höhenweg). Ein kleiner Wiesensteig führt an dem Bauernhaus vorbei und bringt uns dann durch ein Waldstück zu einer Häusergruppe. Wir zweigen gleich beim ersten Haus rechts nach oben ab und steigen durch den schönen Wald hinauf. Oben stoßen wir auf eine Straße und gehen nach rechts. Der

Weg, der sich nach dem letzten Anwesen auftut, führt uns in die Obergern. Ab dort verläuft der Gerner Höhenweg im leichten Auf und Ab an den Hängen entlang und überwindet dabei auch einen Einschnitt des Gerner Bachs. Wir gelangen auf eine kleine Straße, den Untersbergweg, der wir nach rechts abwärts folgen und eventuell noch einen Abstecher zum wunderbar gelegenen Gasthaus Dürrlehen einlegen. Am Ende des Untersbergwegs kommen wir auf die Gerner Straße, der wir folgen, bis rechts der Klammweg abzweigt. Auf diesem gehen wir entlang des Gerner Baches und kommen so wieder zur Wallfahrtskirche zurück. Wer die Wanderung etwas ausweiten möchte, kann in Berchtesgaden starten, übers Nonntal zur Kirchleitn-Kapelle (am Lockstein) hinaufgehen und dann Richtung Krankenhaus und durch die Hilgergasse einen schönen Steig aufneh-

men, der auf die Gerner Straße hinaufführt. Wenn man ein Stück weiter hinauf geht, findet man einen kleinen Fahrweg, der in einen Weg oberhalb der Straße mündet und fast bis zur Kirche führt. Für den Abstieg bietet sich als Alternative dann noch der Klammweg an, der mit vielen Stufen gut ausgebaut entlang des Gerner Bachs Richtung Berchtesgaden hinabführt.

- Maria Gern – Obergern 1 ½ Std.
- Obergern – Hintergern 45 Min.
- Hintergern – Maria Gern 45 Min.
- Berchtesgaden – Maria Gern 1 ¼ Std.
- Maria Gern – Berchtesgaden 1 Std.

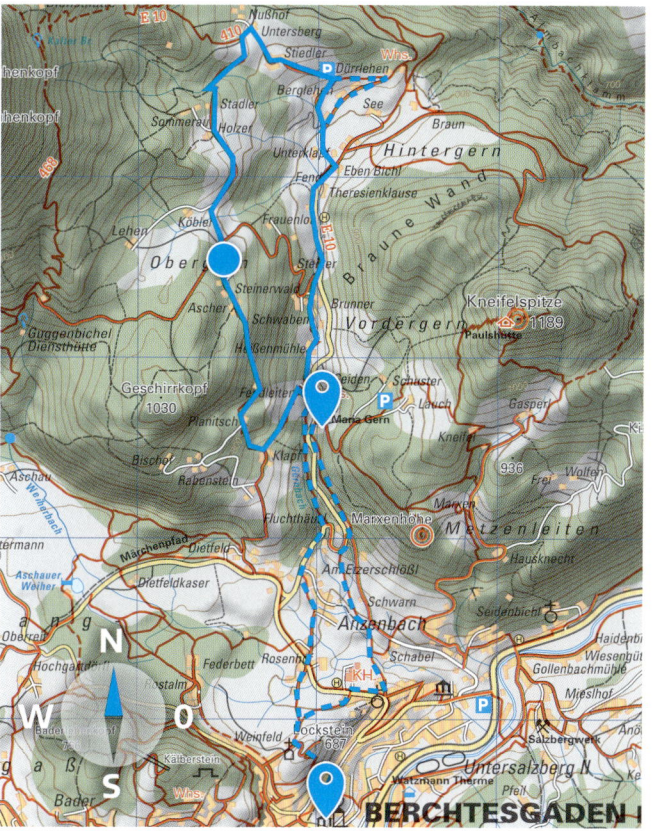

| Links: Die Wallfahrtskirche Maria Gern mit dem Watzmann-Panorama
| Oben links: Frühling bei der Kirche in Maria Gern
| Oben rechts: Hühner vor einem Bauernhaus am Wegesrand und Blick zum Untersberg

22 Kneifelspitze, 1.188 m

Dieser phantastische Aussichtsberg, der zudem noch mit einer Berggaststätte gekrönt ist, steht nicht nur bei den Feriengästen, sondern auch bei den Einheimischen das ganze Jahr hoch im Kurs. Im Spätwinter locken die Hänge mit Schneerosen, doch auch in Frühjahr und Sommer blüht vieles am Wegesrand.

Wer direkt in Maria Gern startet, muss zunächst eine steile Straße bewältigen. Doch bald wird der Weg angenehmer, denn in der Linkskurve der Straße gehen wir geradeaus weiter Richtung Marxenhöhe. Diesen kleinen Rastplatz, der einen schönen Blick über Berchtesgaden eröffnet, erreichen wir, wenn wir einen Abstecher nach rechts machen. Geradeaus führt der Weg über eine der

schönsten Buckelwiesen, die das Berchtesgadener Land zu bieten hat, weil immer was anderes hier erblüht. Nachdem wir die steilen Sandstraßen bis zum Kneifellehen bewältigt haben, halten wir uns links und gehen auf dem schönen Waldweg nach Norden. Das letzte Stück des Anstiegs bewältigen wir dann auf einem Serpentinenweg und dann links auf der Fahrstraße, die auch die Hüttenwirte nutzen. Auf dem Gipfel lohnt es sich, nicht nur die Paulshütte, sondern auch links oben den sogenannten Salzburgblick zu besuchen, um die Rundumsicht genießen zu können. Der Abstieg erfolgt entweder auf den gleichen Wegen oder über die sandige Fahrstraße: Dort, wo diese nach der Schranke in eine Teerstraße übergeht, können wir nach rechts unter dem Bauernanwesen queren und erreichen so das Kneifellehen. Wenn wir dort ein Stück vorgehen (auf dem gleichen Weg, den wir für den Aufstieg genutzt haben) zweigt bald links ein schöner Weg Richtung Lauchlehen ab, wo wir dann über die Fahrstraße wieder zurück nach Maria Gern gelangen.

| Gipfelkreuz und Weitblick auf der Kneifelspitze

 • Maria Gern – Marxenhöhe 30 Min.
- Marxenhöhe – Kneifellehen 45 Min.
- Kneifellehen – Kneifelspitze (Paulshütte) 1 Std.
- Kneifelspitze – Kneifellehen (über Sandstraße) 45 Min.
- Kneifellehen – Maria Gern (über Lauchlehen) 30 Min.

Wallfahrtskirche Maria Gern, im Hintergrund das Steinerne
Meer mit Funtenseetauern (links) und Schönfeldspitze

23 Almbachklamm und Ettenberg

Die aufregendste Klamm der Berchtesgadener Alpen, kombiniert mit dem wunderschönen Hochplateau von Ettenberg – diese Tour gehört zu den Höhepunkten in der Region. Zumal sich die Länge der Tour je nach Lust und Laune variieren lässt.

Wie sich das Wasser in der Almbachklamm zwischen den Felsen hindurchwindet, in mehreren Wasserfällen herabstürzt und enge, hohe Durchbrüche geschaffen hat, begeistert sämtliche Besucher. Die Klamm ist erschlossen durch viele gut gesicherte Stege und Brücken, dennoch bedarf es guten Schuhwerks und einer gewissen Umsicht, vor allem bei kleineren Kindern. Je nach Geschmack kann man die Runde variieren: Als erster Aufstieg nach Ettenberg bietet sich der Talgrabenweg nach Brücke 17 an. Bis dorthin hat man die interessantesten Passagen der Klamm gesehen, nach einer regenreichen Periode empfiehlt sich allerdings noch ein Abstecher zum Sulzer Wasserfall, etwa fünf Minuten flussaufwärts. Durch den Talgraben gelangen wir dann hinauf nach Ettenberg, wo wir bereits die schöne Wallfahrtskirche erblicken, neben der ein Gasthaus zur Rast einlädt. Wer das Bachtal des Almbachs noch länger genießen möchte, kann noch eine halbe

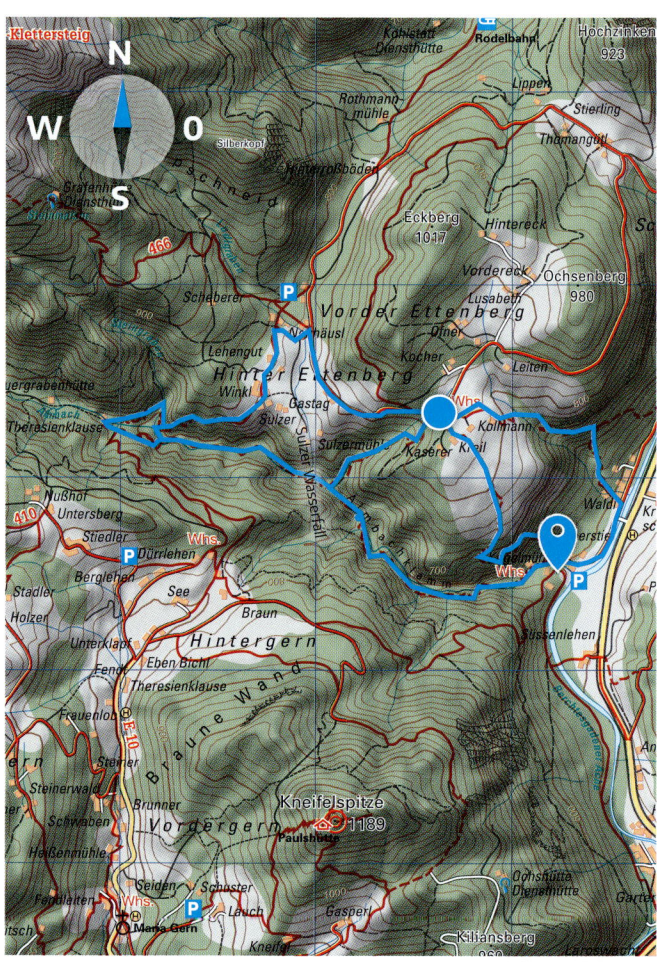

Stunde weitergehen und dann (vor der Brücke 25) den sogenannten „direkten Weg" nach rechts Richtung Ettenberg wählen oder gar bis zur Theresienklause im Bachtal bleiben. Diese hohe Staumauer wurde in früheren Jahrhunderten genutzt, um Holz über den Almbach ins Tal zu triften – eine nicht ungefährliche Angelegenheit, bei der immer wieder Holzarbeiter verunglückten. Die beiden Anstiege treffen unterhalb einer kleinen Sitzbank zusammen und der Weg geht dann über wunderschöne Bauernwiesen nach Hinterettenberg. Dort halten wir uns zweimal rechts, um dann über die kleine Straße zur Wallfahrtskirche zur gelangen. Für den Abstieg zurück zur Kugelmühle bieten sich ebenfalls zwei Varianten an: Rechts hinter der Kirche geht es durch Wiesen und die Hammerstielwand hinab und links hinter der Kirche bei einer Kapelle mit Kreuzigungsgruppe beginnt der Gatterlsteig.

- Kugelmühle – Abzweigung Talgrabenweg 45 Min.
- Abzweigung Talgrabenweg – Ettenberg 45 Min.
- Abzweigung Talgrabenweg – 2. Abzweigung nach Ettenberg („direkter Weg") 30 Min.
- Almbachklamm (2. Abzweigung) – Ettenberg 45 Min. (via „direkten Weg")
- Almbachklamm 2. Abzweigung – Theresienklause 15 Min.
- Theresienklause – Ettenberg 1 Std.
- Ettenberg – Kugelmühle (über Hammerstielwand) 45 Min.
- Ettenberg – Kugelmühle (über Gatterlweg) 50 Min.

Links: Blick von Ettenberg zum Hohen Göll
Oben links: Die Ettenberger Wallfahrtskirche Mariä Heimsuchung mit dem Hochkalter im Hintergrund
Oben rechts: In der Almbachklamm

24 Scheibenkaser, 1.436 m

Die grandiose Aussicht und die sonnenzugewandte Lage machen den Scheibenkaser vor allem im Herbst und im Frühjahr zu einem attraktiven Wanderziel. Der bequeme Weg führt durch schönen Buchenwald und lässt sich zu einer größeren Runde ausweiten.

Hinter dem Wanderparkplatz in Hinterettenberg (Rossboden) gehen wir auf einer breiten Sandstraße hinauf. Diese verlassen wir entsprechend der Ausschilderung nach rechts und steigen auf einem schönen Weg durch den Wald empor, bis wir auf den Almwiesen angekommen sind. Dort erreichen wir nach zwei Kehren das Almgebäude, wo wir Bänke für eine Rast in der Sonne vorfinden. Der Rückweg erfolgt auf dem gleichen Weg – für fleißige Wanderer gibt es allerdings auch die Option auf eine Rundtour. Dazu nehmen wir ab dem Scheibenkaser den Rosslandersteig, der unterhalb des Berchtesgadener Hochthrons entlang zu einer Wegkreuzung namens Gatterl führt. Noch unterhalb des Gatterls zweigen wir nach links ab und wandern auf dem Stöhrweg Richtung Maria Gern hinab. In der Hintergern nutzen wir einen Abzweiger zum Gasthaus Dürrlehen. Von dort geht es hinab in die Almbachklamm, genauer gesagt zur Theresienklause am Ende der Klamm, und auf der gegenüberliegenden Seite wieder hinauf nach Hinterettenberg.

- Hinterettenberg (Rossboden) – Scheibenkaser 2 ½ Std.
- Scheibenkaser – Hinterettenberg (Rossboden) 1 ½ Std.
- Scheibenkaser – Kreuzung unterhalb des Gatterls (via Rosslandersteig) 50 Min.
- Kreuzung unterhalb des Gatterls – Hintergern 2 Std.
- Hintergern – Theresienklause (via Dürrlehen) 30 Min.
- Theresienklause – Hinterettenberg 45 Min.

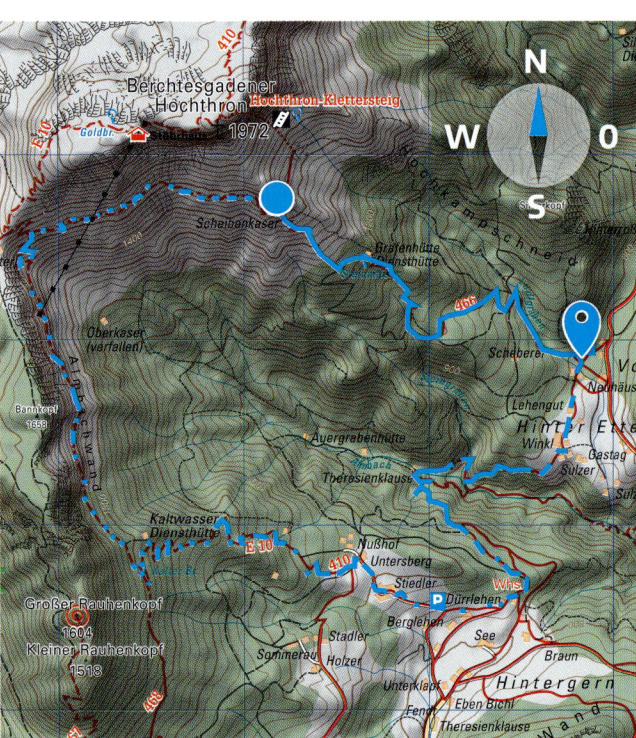

Oben: Die Mittags-
scharte, ein markanter
Einschnitt zwischen
Berchtesgadener und
Salzburger Hochthron
Unten: Der Scheiben-
kaser vor dem Bergpano-
rama: Das Watzmannkar
im Mittelpunkt

25 Köpplschneid

Auf dem Kamm, der Bayern vom Salzburger Land trennt, lässt es sich mit herrlichen Durchblicken in beide Richtungen entlangwandern: Unterschiedliche Zu- und Abstiege ab Markschellenberg, durch Wald, Wiesen und Gehöfte, sorgen für vielfältige Eindrücke.

In Marktschellenberg gehen wir die Kirchgasse aufwärts und folgen der Ausschilderung Richtung Köpplschneid. Bald müssen wir aber darauf achten, dass wir tatsächlich rechts den Direktaufstieg und nicht den Umweg übers Thurmlehen erwischen. Der Weg schlängelt sich durch ein Waldstück, über schmale Wiesensteige und gelegentlich ganz nah an den Häusern entlang nach oben und ist durchgängig gut ausgeschildert. Noch unterhalb des höchsten Punktes bieten sich einige Bänke für eine Rast an. Der Pfad entlang der Schneid, auf der die Grenze zwischen Bayern und dem Salzburger Land verläuft, ist mit vielen Wurzeln und Stufen durchsetzt und verlangt erhöhte Aufmerksamkeit.

Wir folgen den Schildern Richtung Mehlweg, queren eine Wiese und genießen das großartige Panorama,

das sich hier hinter den Wiesen auftürmt. Wenn wir auf die Straße stoßen, können wir ein kurzes Stück nach links gehen und einen Blick auf die Barmsteine werfen, die wie steile Zähne über dem Salzachtal aufragen. Unser weiterer Weg geht aber in die rechte Richtung und hinter der ersten Häusergruppe biegen wir rechts auf einen Weg durch die Wiese ab. Dieser bringt uns hinab zum Götschenweg, wo wir uns rechts halten, um dann der Ausschilderung „Marktschellenberg über Fußweg" zu folgen und so, vorbei

an einem schönen Aussichtspunkt, zur Messerergasse und über diese ins Ortszentrum zu gelangen.

 • Marktschellenberg – Köpplschneid 1 ¼ Std.
• Köpplschneid – Mehlweg 45 Min.
• Mehlweg – Marktschellenberg 1 Std.

Oben: Marktschellenberg unterhalb der Köpplschneid
Rechts: Aussicht vom Mehlweg

26 Barmsteine, 851 m

Als steile Felszacken, die sich über dem Salzachtal erheben, fallen die Barmsteine von weither ins Auge. Wer sie erblickt, kann sich kaum vorstellen, dass beide Gipfel auf gut gesicherten Steigen zu besteigen sind – Trittsicherheit und Schwindelfreiheit vorausgesetzt.

Als Ausgangspunkt bieten sich einige Parkbuchten an der Stelle an, wo der Mehlweg vom Götschenweg abzweigt (Marktschellenberg-Scheffau). Wir gehen zunächst den Götschenweg entlang und genießen dabei den phantastischen Blick hinüber zum Untersberg. In einer langgezogenen Linkskurve zweigt rechts ein Steig ab, der uns zum kleinen Weiler Mehlweg hinaufbringt. Wir nehmen die kleine Straße nach links, die am Ende in einen Sandweg übergeht, welcher uns zu den Barmsteinen hinabführt. Wir gehen zunächst geradeaus Richtung Großer Barmstein, steigen später links unerwartet lange ab, bis ein Schild darauf hinweist, dass rechts von uns der Einstieg in den Gipfelsteig beginnt. Dieser ist anfangs mit Drahtseilen gesichert, später brauchen wir aber Trittsicherheit, um auch ungesicherte Stellen am Hang gut meistern zu können. Nachdem wir die Aussicht auf dem exponierten Gipfelgrat genossen haben, steigen wir auf dem gleichen Steig wieder abwärts und gehen unten dann nach links den Graben wieder aufwärts. Der Waldweg führt dann geradewegs zu dem Einstieg in den Steig auf den Kleinen Barmstein: Dieser ist deutlich besser ausgebaut und dauert nur eine gute Viertelstunde. Nach dem zweiten Gipfelerlebnis und dem Abstieg halten wir uns wieder links und folgen dem Sandweg, der zu einer kleinen Straße hinabführt. Diese nehmen

wir nach rechts und gelangen somit automatisch zum Parkplatz zurück. Natürlich kann man die Barmsteine auch ab Marktschellenberg erreichen, dann gehen wir entweder über die Köpplschneid wie in Tour 25 beschrieben oder wählen den Anstieg zum Mehlweg (über Götschen).

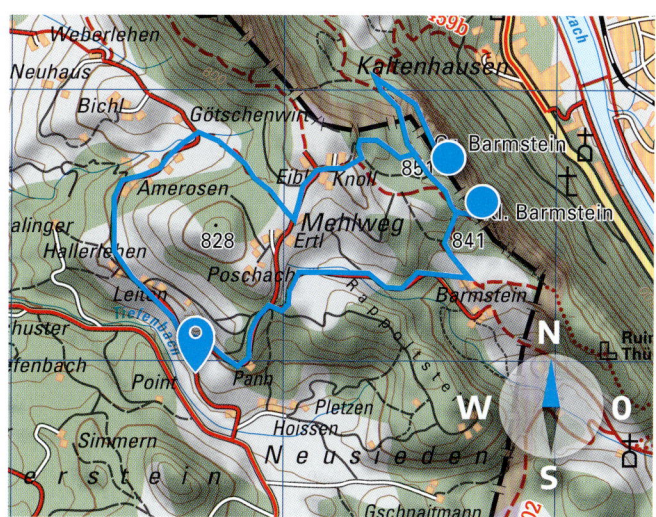

- Parkbucht am Mehlweg – Mehlweg (Weiler) 40 Min.
- Mehlweg – Großer Barmstein 45 Min.
- Großer Barmstein – Kleiner Barmstein 1 Std.
- Kleiner Barmstein – Parkbucht am Mehlweg 45 Min.
- Marktschellenberg – Mehlweg (über Götschen) 1 ¼ Std.

Links: Der Kleine Barmstein vor dem österreichischen Tennengebirge
Unten: Blick über die Barmsteine hinweg ins Salzachtal

27 Auer Rundweg und Lerchecker Wand, 960 m

Diese mannigfaltige Runde findet ihren Höhepunkt auf Sitzbänken oberhalb der steilen Lerchecker Wand, wo sich schöne Blicke hinüber zum Untersberg und auf Watzmann und Hochkalter öffnen. Auch der Rundweg oberhalb der Ortschaft Oberau verläuft bei freier Sicht am Waldrand entlang.

Bei der Kirche in der Oberau wenden wir uns zunächst hinab und zweigen bald rechts auf den Auer Rundweg ab, der sich am sonnigen Waldrand oberhalb des Ortes entlangzieht und herrliche Ausblicke ermöglicht. Nach dem großen Bogen stoßen wir auf eine kleine Straße und gehen an dieser entlang aufwärts, bis links ein ausgeschilderter Weg auftaucht, der uns durch den Wald hinauf zur Lerchecker Wand bringt. Nachdem wir den schönen Aussichtsplatz genossen haben, gehen wir ein kurzes Stück zurück und halten uns dann links (Richtung Oberau Neuhäusl) und stoßen wieder auf die kleine Straße, der wir dann nach links folgen. Diese geht über in einen Waldweg, der uns hinunter in den Ortsteil Wildmoos bringt, wo wir gegenüber des Gasthauses Neuhäusl eine kleine Straße aufwärts wählen (Richtung Gmerk). Über eine Wiese – an der Bergstation eines kleinen Skilifts vorbei – gelangen wir in den Wald, wo uns ein Wegweiser mit gekreuzten Werkzeugen der Bergleute weiterhilft. Dieses Zeichen steht für den Konventionsweg, der an die 1829 geschlossene Salinen-Konvention erinnert: Damit regelten Bayern und Österreich ihre Interessen im Hinblick auf Salz und Holz. Ein Pfad rechts im Wald bringt

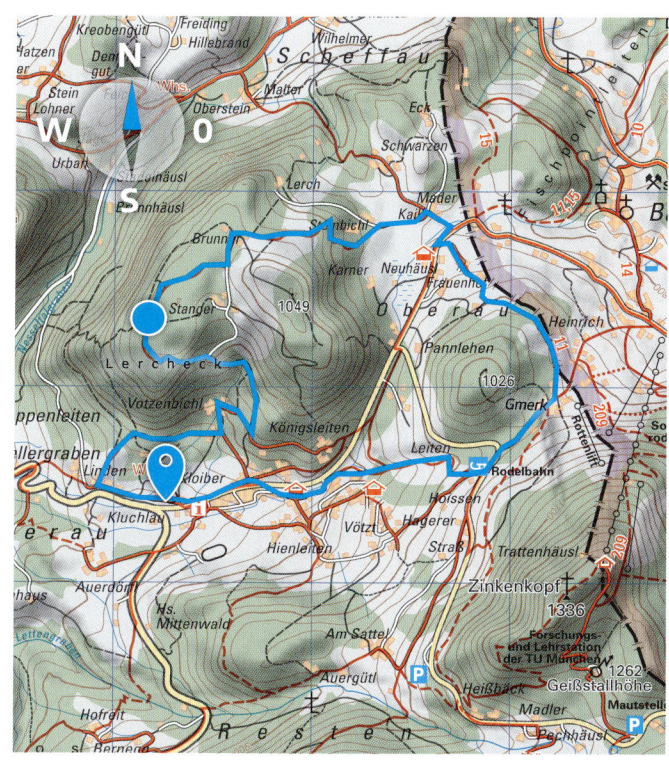

uns zu einem schönen Fleck oberhalb des Grenzortes Gmerk, den wir dann über eine Zufahrtsstraße erreichen. Jetzt halten wir uns rechts, an der Rossfeldstraße kurz links und nehmen rechts den Weg entlang der Rodelbahn auf, der uns wieder zurück ins Ortszentrum der Oberau bringt.

- Oberau – Lerchecker Wand 1 ¼ Std.
- Lerchecker Wand – Gmerk 1 Std.
- Gmerk – Oberau (über Rodelbahn) 50 Min.

| Links: Schöne Ausblicke vom Auer Rundweg
| Oben: Untersberg-Panorama am Lercheck
| Unten: Dekorative Ausstattung der Oberauer Pfarrkirche

28 Rossfeld-Panoramastraße und Purtschellerhaus, 1.692 m

Die Fahrt über die Rossfeldstraße, eine spektakuläre Mautstraße, lässt sich ideal verbinden mit einer Wanderung aufs Purtschellerhaus, das hoch oben auf einem First thront und nicht nur wunderbare Ausblicke, sondern auch leckere Speisen zu bieten hat.

An der Rossfeldstraße unterhalb des Ahornkasers beginnt ein relativ steiler Abstieg zum Eckersattel, bei dem man bereits das Purtschellerhaus, die Alpenvereinshütte auf dem Eckerfirst, im Blick hat. Am Eckersattel wählen wir den österreichischen Weg für den Aufstieg, der gleich links bei dem schön geschmückten Kreuz abzweigt und deutlich weniger steil verläuft als der deutsche Weg. Beim Purtschellerhaus, durch dessen Küche die deutsch-österreichische Grenze verläuft, können wir die schöne Terrasse genießen, an deren anderem Ende der deutsche Weg beginnt. Dieser führt zunächst mittels enger Serpentinen und dann über Hunderte von Holzstufen zurück zum Eckersattel. Nach Regentagen oder im Spätherbst trocknet der Weg, vor allem die anfänglichen Serpentinen, nicht mehr ab, daher empfiehlt es sich dann, auch für den Abstieg den österreichischen Weg zu wählen. Im Eckersattel müssen wir uns wieder die steile Sandstraße hinauf aufs Rossfeld bemühen. Am Rossfeld können wir hinter dem Ahornkaser – über nicht ausgeschilderte Steige rechts vom Weg – hinauf auf den Ahornbüchsenkopf steigen. Die zweite Option mit Gipfelkreuz bietet sich auf dem deutlich häufiger besuchten Rossfeld, wo ein sogenannter Panoramaweg hinaufführt.

- Rossfeldstraße (Ende der Südauffahrt) – Eckersattel 15 Min.
- Eckersattel – Purtschellerhaus 1 Std.
- Purtschellerhaus – Eckersattel 45 Min.
- Ahornkaser – Ahornbüchsenkopf 15 Min.
- Rossfeldstraße (Ende der Nordauffahrt) – Rossfeld-Gipfelkreuz 15 Min.

| Oben: Anstieg zum Purtschellerhaus
| Rechts: Sonnenuntergangsstimmung über der Rossfeld-Höhenringstraße

Der Kehlstein zählt ohne Frage zu den attraktivsten Ausflugszielen in Berchtesgaden: Mit einem Bus geht es über die spektakulär in den Berg gehauene Straße hinauf. Wer früh genug unterwegs ist, kann den Kehlstein-Gipfel und den sich anschließenden Rundweg in Ruhe genießen.

Nach lediglich zehn Minuten erreicht man vom Kehlstein-Haus den Kehlstein-Gipfel, der einen phantastischen Rundumblick über die Berchtesgadener Alpen freigibt. Der Kehlstein-Rundweg ist gut zu erkennen, bevor wir uns jedoch nach rechts oben wenden, gehen wir noch zum ausgeschilderten Aussichtspunkt, wo sich zwischen zwei Felsblöcken ein Blick hinüber zum Hohen Göll eröffnet. Der Rundweg führt über zahlreiche Stufen zunächst nach unten: Er ist zwar gut durch Seile und Geländer abgesichert, sollte allerdings nur mit festem Schuhwerk begangen werden. Wer ein wenig Bergeinsamkeit schnuppern möchte, geht am Wendepunkt des Kehlstein-Rundwegs noch ein Stück Richtung Mannlgrat, den im späteren Verlauf nur kletter-erfahrene Wanderer meistern können, weshalb dort deutlich weniger los ist als auf dem Rundweg. Auf der Nordseite des Kehlstein-Grats – mit völlig anderer Perspektive – gehen wir zurück zum Kehlsteinhaus, das während der Zeit des Dritten Reiches erbaut wurde und als Prestige-

Objekt des Reichsleiters Martin Bormann gilt. Anders als die meisten anderen Nazi-Gebäude in Berchtesgaden wurde es nach dem Krieg nicht gesprengt und kann somit heute als Berggaststätte dienen. Einen Eindruck von dem Protz der Nationalsozialisten vermittelt bereits der goldfarbene Aufzug, mit dem die Besucher die letzten 120 Höhenmeter von der Bus-Wendeplatte zum Kehlsteinhaus zurücklegen.

• Kehlsteinhaus – Kehlstein-Gipfel 10 Min.
• Kehlstein – Rundweg 1 ¼ Std.
• Abstecher Richtung Mannlgrat 10 Min.

| Links: Phantastische Aussicht auf dem Kehlstein-Gipfel
| Oben: Gipfelkreuz auf dem Kehlstein
| Rechts: Tunnel und Aufzug, die hinauf zum Kehlsteinhaus bringen

30 Scharitzkehl und Ligeretalm

Zwei Gaststätten und gut gepflegte Wege machen den Ligeret-Rundweg zu einem angenehmen Wanderausflug. Die namensgebende Ligeretalm ist eine kleine Selbstversorger-Hütte der hiesigen Alpenvereinssektion und kann für eine Rast mit Aussicht genutzt werden.

Von der Scharitzkehlalm gehen wir den breiten Karrenweg hinauf und gelangen nach einer knappen Stunde zu der Ligeretalm, die etwas unterhalb des Weges liegt, aber aufgrund ihrer schönen Lage auf jeden Fall einen Abstecher wert ist. Wieder zurück am Weg halten wir uns weiterhin an die Ausschilderung des Ligeret-Rundwegs, unser nächstes Ziel ist die Graflhöhe. Daher müssen wir von dem Forstweg nach links in einen schmaleren Weg abzweigen, der uns im Zick-

zack zur Scharitzkehlstraße hinab bringt. Dort gehen wir gegenüber hinunter in die Zufahrt des Gasthauses Graflhöhe, auch Windbeutelbaron genannt. Nach einer eventuellen Rast auf der Terrasse mit ihrem grandiosen Panorama geht es weiter auf dem Lindeweg Richtung Scharitzkehl. Diesen Weg hat der Kühlschrank-Erfinder und Unternehmer Carl von Linde gegen Ende des 19. Jahrhunderts auf eigene Kosten anlegen lassen. Wir halten uns nach links oben und gehen unter einer Brückenruine hindurch, der sogenannten Zaunerbrücke. Dann überqueren wir die Scharitzkehlstraße, folgen dem gegenüber beginnenden Wanderweg zunächst nach links oben, bleiben dann bei der nächsten Weggabelung rechts und gehen zum Parkplatz unterhalb der Scharitzkehlalm hinab. Wer die Tour etwas ausweiten

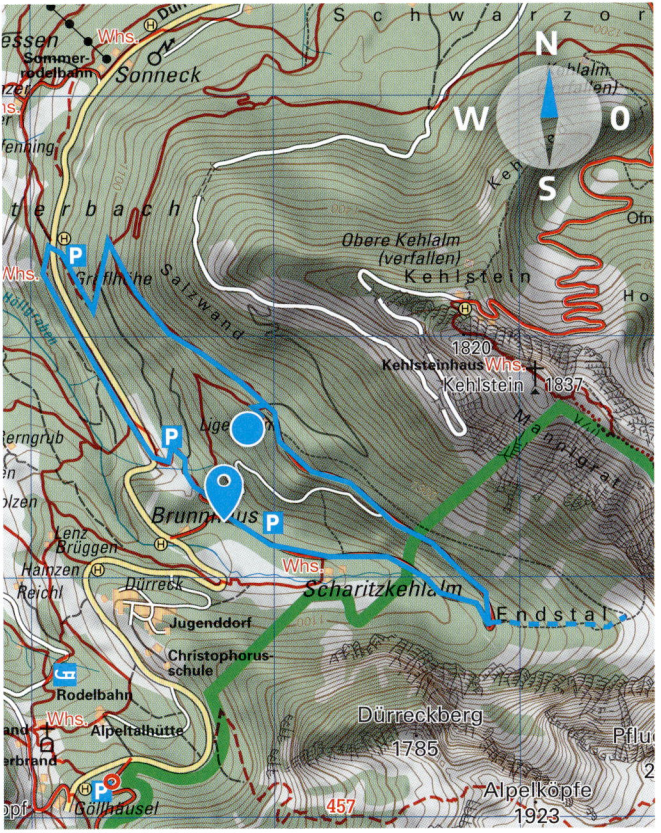

möchte, kann bereits in der Haarnadelkurve, auf die man etwa 30 Minuten oberhalb der Scharitzkehlalm trifft, einen Abstecher einlegen. Geradeaus auf dem (unausgeschilderten) Kiesweg gelangt man ins einsame Endstal, einen Talkessel, der auf drei Seiten von den hohen Wänden des Göllmassivs umrahmt ist.

- Scharitzkehlalm – Ligeretalm 50 Min.
- Ligeretalm – Gasthaus Graflhöhe 45 Min.
- Graflhöhe – Scharitzkehlalm
  (über Lindeweg) 45 Min.
- Abstecher ins Endstal 1 ¼ Std. (hin und zurück)

Links: Die Ligeretalm – Blick durch die „Häusl-Tür" auf die Alm, Ausblick Richtung Watzmann und das Almkreuz
Oben: Blick über das Dach der Alm Richtung Steinernes Meer

31 Brandkopf, 1.156 m

Ein steiler Anstieg mit vielen Stufen, ein gemütlicher Weg zurück, dazwischen ein uriger Berggasthof als ideale Einkehrstation: Die Runde über den Brandkopf, der mit einem Tiefblick zum Königssee punkten kann, gehört zu den Favoriten unter den Halbtagestouren.

Zunächst gehen wir vom Parkplatz Königssee entlang kleiner Straßen: Die Jennerbahnstraße und dann rechts die Richard-Voss-Straße bringen uns auf eine Anhöhe. Kurz vor dem höchsten Punkt zweigt rechts der kleine Brandkopfweg ab, wo der Stufenweg auf den Brandkopf als „steil" ausgeschildert ist. Tatsächlich fordert bereits die steile Straße die Kondition heraus, später wird der Weg dann aber deutlich angenehmer. Wir gelangen zu einer Wiese neben der Vorderbrandstraße, wo links der finale Anstieg auf den Brandkopf beginnt. Auf dem Gipfel laden mehrere Bänke zu einer Rast und dem Genießen der weiten Aussicht ein. Für den Abstieg queren wir das Gipfelplateau und nehmen den breiten Sandweg nach unten bis zum Berggasthof Vorderbrand. Nach einer eventuellen Einkehr wählen wir den Weg, der unterhalb

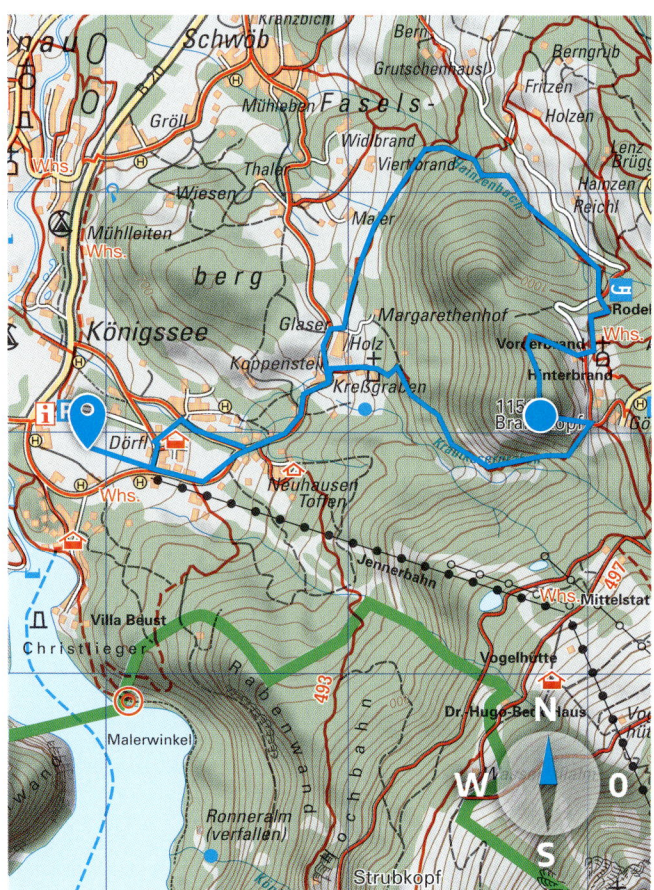

des Gasthofs beginnt und bald die Vorderbrandstraße kreuzt. Wir halten uns jetzt Richtung Königssee, ignorieren drei Abzweigungen nach rechts und gelangen so wieder auf die Anhöhe der Richard-Voss-Straße. Dieser folgen wir nach links hinab und gehen zurück – falls wir variieren wollen – nicht wieder über die Jennerbahnstraße, sondern über einen Wiesenweg, der links von der Richard-Voss-Straße abzweigt und zum Hotel Bergheimat hinüberführt.

- Königssee-Parkplatz – Abzweigung des Stufenwegs 45 Min.
- Stufenweg auf den Brandkopf 1 ¾ Std.
- Brandkopf – Gasthof Vorderbrand 15 Min.
- Gasthof Vorderbrand – Königssee 1 ½ Std.

Oben: Ausblicke auf Königssee und Watzmann
Unten: Das gut erhaltene Hinterbrandlehen

32 Königsseer Achenweg

Prämiert als einer der schönsten Wanderwege Deutschlands verläuft diese Tour ganz überwiegend entlang der naturbelassenen Königsseer Ache. Schrifttafeln mit interessanten Fotos und Erläuterungen begleiten die Wanderer bis zum Königssee.

Als Startpunkt bietet sich der Berchtesgadener Bahnhof oder der dahinter liegende Salinen-Parkplatz an. Sobald man die Einkaufsmeile auf der gegenüberliegenden Seite des Kreisverkehrs hinter sich gelassen hat, prägen das Rauschen des Baches und die Vögel die Geräuschkulisse. Auf einem bequemen Weg passieren wir die Nasse Wand und kreuzen kurz darauf die Untersteiner Straße. Wir gehen am Biergarten des Café Waldsteins vorbei und durch ein Waldstück. Nach einigen Häusern kreuzen wir die Graf-Arco-Straße, direkt neben der Schornbrücke mit dem Denkmal für den gleichnamigen Grafen, die wir uns für eine Variante beim Rückweg merken. Eine der schönsten Passagen verläuft an der Ache entlang, die sich hier um bemooste Steine und kleine Binneninseln herum quirlt. Gelegentlich lassen sich sogar Wasseramseln entdecken, die nach Insekten und Larven tauchen. Ein Tunnel führt unter der nächsten Straße hindurch, wir gehen am rechten Rand des Parkplatzes und dann hinter dem Hotel Königsseer Hof rechts hinab bis zur Seeklause, dem Wehr, das den Abfluss aus dem See reguliert. Beim Rückweg können wir ab der Schornbrücke einen Weg aufnehmen, der links von der Brücke beginnt. Dieser führt uns an die Untersteiner Straße, an der wir etwa 300 Meter entlang gehen, um dann gegenüber vom Grabenweg rechts in einen Fußweg abzubiegen, der uns – nach einem kurzen Stück entlang der Straße – zum uns bekannten Königsseer Fußweg zurückbringt.

| Unten: Der Königssee mit seiner Insel Christlieger (links)
| Rechts: Blick vom Achenweg zum Göllmassiv

 • Berchtesgaden Bahnhof – Königssee 1 ½ Std.
• Königssee – Berchtesgaden Bahnhof 1 ½ Std.

33 Jenner, 1.874 m, Stahlhaus und Schneibsteinhaus

Dank der Jennerbahn bewegen wir uns auf dieser Tour in höheren Regionen und können die dortige Landschaft kennenlernen. Der Tiefblick zum Königssee vom Jennergipfel beeindruckt ebenso wie die Wahl zwischen mehreren Berggasthäusern.

Der Gipfel des Jenners ist von der Bergstation der Jennerbahn aus innerhalb von einer guten Viertelstunde zu besteigen und lohnt sich auf jeden Fall, selbst wenn man das Erlebnis mit vielen anderen Ausflüglern teilen muss. Eine Aussichtsplattform erlaubt einen grandiosen Tief-

blick auf den Königssee, hinüber auf die steilen Wände des Watzmanns und aufs gesamte Steinerne Meer. Beim Abstieg wenden wir uns kurz vor der Terrasse der Berggaststätte „Jenneralm" nach rechts und gehen auf dem Steig in großen Serpentinen hinab, bis wir auf das Wiesengelände der Königsbergalm gelangen, die nicht bewirtschaftet ist und deren Almhütte etwas oberhalb liegt. Kurz darauf treffen wir auf die Sandstraße, die linkerhand hinauf zu Schneibsteinhaus und Stahlhaus führt. Wir erreichen das Schneibsteinhaus in etwa einer halben Stunde; das Stahlhaus liegt noch ein Stück

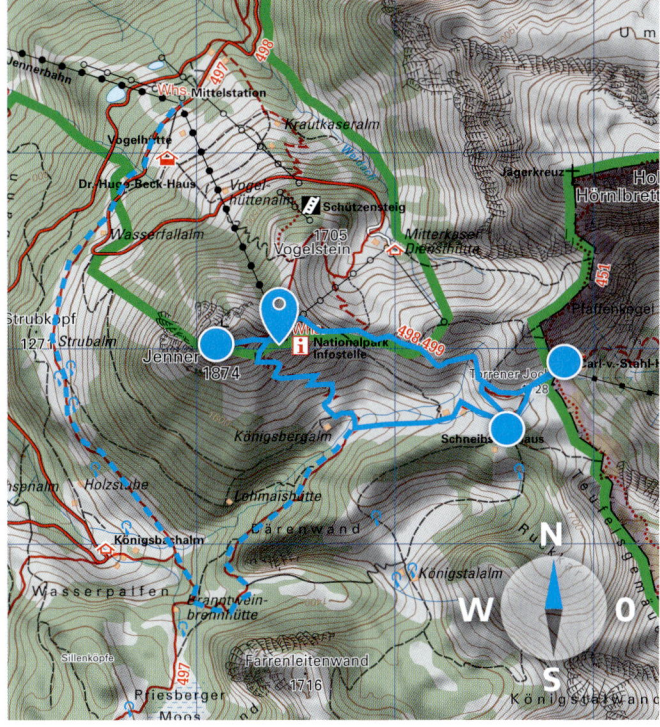

Für eine Einkehr bieten sich sowohl die beiden Berghütten an als auch die „Jenneralm" an der Bergstation. Wer die Wanderung etwas ausweiten möchte, kann bei der Königsbergalm nach rechts abzweigen Richtung Königsbachalm und dann oberhalb der Königsbachalm über den wunderschönen Königsweg Richtung Jenner-Mittelstation gehen und von dort mit der Jennerbahn hinabfahren. An der Mittelstation steht mit dem Lokal „Halbzeit" nochmals eine Raststation offen.

- Jenner-Bergstation – Jennergipfel 20 Min.
- Jennergipfel – Königsbergalm 45 Min.
- Königsbergalm – Schneibsteinhaus 30 Min.
- Königsbergalm – Stahlhaus 45 Min.
- Schneibsteinhaus / Stahlhaus – Jenner-Bergstation 45 Min.
- Königsbergalm – Jenner-Mittelstation 1 ½ Std.

| Links: Ausblicke vom Jennergipfel – zum Königssee, dahinter Watzmann und Steinernes Meer, und zum Hagengebirge mit Windschartenkopf und Fagstein
| Oben: Schneibsteinhaus vor dem Hagengebirge

weiter oben. Der Weg zurück zur Jenner-Bergstation ist dann von beiden Hütten etwa gleich lang: Die Wege treffen sich und führen durch einen Graben in eine Scharte. Das letzte Stück zurück zur Bergstation führt über die – weniger schöne – ehemalige Skipiste hinauf, der man aber anfangs noch auf einigen kleinen Pfaden, die sich links oberhalb auftun, ausweichen kann.

34 Priesbergalm, 1.460 m

Wildromantisch liegen die Almhütten der Priesbergalm unter den Hängen des Fagsteins und erlauben einen einmaligen Blick hinüber auf die Watzmann-Ostwand. Bequeme Almstraßen, die durch schöne Wiesenlandschaften führen, bringen uns dorthin.

Vom Wanderparkplatz Hinterbrand geht es zunächst Richtung Jenner-Mittelstation, an der wir rechts vorbei gehen. Bald wird der Weg etwas schöner und zieht sich durch Almwiesen am Südhang des Jenners entlang. Dort, wo sich der Weg wieder etwas nach unten wendet, sollten wir uns etwas Zeit nehmen und das Treiben in der Wiese beobachten, weil dort sehr oft Murmeltiere zu entdecken sind. Bei der Brücke über den Königsbach können wir rechts eine aus einem Felsblock gehauene Sitzgelegenheit erspähen, das „steinerne Bankerl", dem Namen dieser Weggabelung entsprechend. Wir halten uns nach links oben, jetzt kommt das steilste Stück unserer Wanderung. Die Abzweigung nach links ignorieren wir und gelangen dann bald über das Priesberger Moos auf das Gelände der Priesbergalm. In den Frühsommer-Monaten lohnt es sich, hinter der Alm noch einige hundert Meter auf dem Wanderweg weiterzugehen, weil die Wiesen mit unzähligen Knabenkräutern und anderen selte-

nen Blumen betören. Auf der Priesbergalm sind in den Weidemonaten zwei Almbauern auf Besucher eingestellt und bieten Getränke, Kuchen und Brotzeiten. Der Rückweg erfolgt auf dem gleichen Weg; alternativ ist auch ein Abstieg zum Königssee denkbar: Beim Steinernen Bankerl geht es hinab über die Königsbachalm in einen Weg, der zu Recht den Namen „Hochbahn" trägt. Hoch über dem Königssee zieht er sich am Hang entlang und endet in einer Häusergruppe des Dorfes Königssee.

- Parkplatz Hinterbrand – Steinernes Bankerl (Weggabelung oberhalb der Königsbachalm) 1 Std.
- Steinernes Bankerl – Priesbergalm 45 Min.
- Priesbergalm - Hinterbrand 1 ¾ Std.
- Priesbergalm – Königssee 2 ½ Std.

Sonnenuntergangsstimmung auf der Priesbergalm -
Watzmann im Hintergrund

Herausgeber
Verlag Plenk Berchtesgaden GmbH & Co. KG
Koch-Sternfeld-Str. 5 | 83471 Berchtesgaden
www.plenk-verlag.com

Texte
Elke Kropp

Bildnachweis
Alle Fotos Marika Hildebrandt, ausgenommen S. 12 links, S. 19 oben, S. 21 oben und rechts, S. 25 oben, S. 36/37 alle, S. 39, S. 45 oben, S. 60/61 alle, S. 63 unten rechts, S. 64 links, S. 69 oben, S. 75 oben, S. 77 oben und unten (allesamt von Elke Kropp) und S. 11 unten, S. 17 unten, S. 25 unten rechts und links, S. 51 rechts, S. 67 unten rechts (aus dem Archiv vom Verlag Plenk Berchtesgaden GmbH & Co. KG)

Die Kartenauszüge sind aus der Karte 1 : 25.000 vom Verlag Plenk Berchtesgaden entnommen. Alle Angaben in diesem Buch wurden verantwortungsbewusst und mit Sorgfalt zusammengestellt. Für Zeitangaben kann weder die Verfasserin noch der Verlag Verantwortung übernehmen.

Titelbild: Maria Gern mit Watzmann, Marika Hildebrandt

3. überarbeitete und aktualisierte Auflage 2025